# 幼児教育と「こども環境」

豊かな発達と保育の環境

氏原陽子／倉賀野志郎
くしろせんもん学校・幼児の『環境』研究グループ
編著

# はじめに

　社会が目まぐるしく変貌する中、子どもたちに主体的な生きる力をどのように育むか、その責任と役割が私たちに問われている。生きる力のキーワードは「学び」であり、そこに遊びや活動、環境を通して自ら学ぶ子どもの姿がある。2001年にWHO（世界保健機関）は、ICF（国際生活機能分類）を発表して、人の健康や発達に環境が大きく関わる「環境―人間相互作用」という環境の積極的な参加での捉え方を提言した。このICFの視点の導入により、これまでの発達支援や健康観などが大きく変わり、「育ち、学び、暮らし」に環境を取り込むソーシャルモデル、サポートモデルがアピールされた。

　世界でのこの潮流を受け、我が国でも2007年の改正学校教育法の施行をきっかけにインクルージョン教育、ユニバーサルデザインの環境作り、共生環境の理念が浸透してきた。また、2015年9月の国連サミットでは、世界を変革する持続可能な開発目標（SDGs）に経済、社会と並んで環境分野の課題が採択され、2030年までに達成すべき国際目標を掲げ、環境を守る取り組みが地球規模で始まった。

　そして、今、幼児の教育・保育領域では、「アクティブ・ラーニングによる学び（主体的・対話的での深い学び）」や「非認知能力（意欲、協調性、情緒など）の支援」に目が向けられ始め、その振興に大きな重みが置かれるようになった。子どもの学びの芽は、環境への関わりや直接的具体的な体験で生まれ、また気持ちを動かす魅力のある物理的・人的環境に影響される。

　本書は、このような流れを受けて、第Ⅰ部では、その理論的背景を幼稚園教育要領や子どもの発達特性などの側面から、なぜ子どもに「環境」かについて触れている。第Ⅱ部では、子どもを巡る社会や地域問題に視点を置いた、子ども、保護者、地域を取り込んだトライアングルアプローチに結びつく人間関係の環境の学びや手立てについて触れている。第Ⅲ部は、くしろせんもん学校での実践と成果について、幼児の環境をどのように創るか、具体的な学生の実践として子どもとの遊び、おもちゃ作り、ICT活用、近隣小学校の関わりなど、幼児学童連携に広がっている成果を挙げている。それらがくしろせんもん学校こ

ども環境科の独自なカリキュラム・マネジメントのもとで生まれた成果として紹介されている。

　広大な美しい自然、豊かな海に面した釧路は、その懐の大きい環境で人々の生命に活力をもたらし、未来に羽ばたく子どもたちの感性を育む栄養剤を支える素晴らしい都市である。私はこの学校に一時籍を置き、専門の授業や地域連携の教育に関わる機会を頂いた。幼児の「環境」づくりの研究グループの皆さんは、子どもの成長発達を支える環境づくりの舵取りとして活躍しているメンバーである。本書が多くの子どもの幸福を支える礎になることを願っている。

　　　　　　　　　　　　　　元くしろせんもん学校教授　小林芳文

# 【目　次】

はじめに　*3*

## 第Ⅰ部　私たちが捉える環境と教育

### 第1章　環境の捉え方　*10*
（倉賀野志郎）

1．環境に対する基本的な考え方　*10*
2．働きかけと環境像との相互深化と発達　*12*

### 第2章　私たちの視点からの幼稚園教育要領と「環境」　*17*
（氏原陽子）

1．持続可能な社会の創り手　*18*
2．幼児期の特性を生かした環境を通しての教育　*20*
3．幼稚園教育において育みたい資質・能力及び「幼児期の終わりまでに育ってほしい姿」　*23*
4．領域「環境」　*28*
5．カリキュラム・マネジメントからみた環境　*29*
6．特別な配慮を必要とする幼児への指導からみた環境　*30*

### 第3章　子どもの発達と環境　*34*
（福岡真理子）

1．胎児も「世界」を捉えている――胎児期の「環境」と発達　*34*
2．働きかけることにより身の周りの環境が広がっていく――新生児の環境と発達　*36*

3．働きかけ・働きかけられる中で「環境」と共に「自分」も深め広げていく──乳児期の「環境」と発達　38

## 第4章　幼児期における、自分と環境との向きあい　43
（倉賀野志郎）

1．発達段階での、自分の思い・想いのズレとの向きあい　43
2．発達段階に対応するズレ・葛藤・マチガイ・誤謬等のそれぞれの深化　44
3．異なる・多様とを練り合わせる　50

## 第Ⅱ部　自己と親からみた環境

## 第5章　自己からみた環境──子どもをめぐる社会問題　58
（氏原陽子）

1．低い自己肯定感・自尊感情　59
2．親子関係　62
3．ジェンダーからみた自己　67

## 第6章　親からみた環境──教育相談、子育て支援の学びを深める学生たちから　77
（田仲京子）

1．親の考える環境像を捉えるために　77
2．親が捉える環境像を学ぶ意味──子どもと保護者を取り巻く社会状況　78
3．環境像を解き明かすためには相互のコミュニケーション、相談援助の理論、そして技術が必要　79
4．実践的な相談事例から考える──Ｋ市子育て支援拠点センターの相談

例と来所理由から　*80*
　5．環境像の中核に位置する葛藤・悩み、そして、その子育て支援
　　　──K市子育て支援拠点センターを一つの典型例として　*83*
　6．まとめ　*85*

## 第Ⅲ部　おもちゃ・ものづくり

## 第7章　保育環境の一つとしての遊びとおもちゃ ……… *88*
（高橋由紀雄）

　1．遊びは子どもの発達に欠かせない　*88*
　2．おもちゃでの遊びを通して獲得するもの　*88*
　3．おもちゃのおおまかな分類　*90*
　4．おもちゃの効用と手作りおもちゃ　*92*
　5．おもちゃを作る「手作り」ということについて　*93*
　6．手作りおもちゃ実践例　*94*
　7．手作りおもちゃの完成とは　*123*

## 第8章　幼児でのものづくりから小学校へ ……… *125*
（倉賀野志郎）

　1．幼児期の感性・体験感覚から、根拠・法則性を探る　*125*
　2．身の周りの野菜や果物のタネを出発点として　*131*
　3．1年間の生活リズムから伝統・行事を考える　*138*
　4．生活での言葉から数量感覚を考える　*145*

## 第Ⅳ部　環境を学ぶ・創る

### 第9章　幼児の環境づくりを学ぶカリキュラム
―― こども環境科の環境に対する視点を踏まえての
カリキュラム ……………………………………………………… *152*

（氏原陽子）

1．くしろせんもん学校のカリキュラムの大枠　*152*
2．実習を中核としての各セクションの位置づけ　*153*

### 第10章　教えと学びとをつなぐ
―― 双方向の授業展開でのICT活用 ……………………… *158*

（計良洋美）

はじめに　*158*
1．学生の現状　*159*
2．とりわけICT活用の現状　*161*
3．2017年度の実践　*162*
4．実践の成果と課題　*169*

おわりに　*173*

# 第Ⅰ部
# 私たちが捉える環境と教育

### 私たちの環境の捉え方の基本的視点

「環境」という言葉から、どのような言葉を連想するだろうか。草花、虫（昆虫）、動物など、自然環境をイメージする言葉が挙がることが多いだろう。私たちは、私たちと周りを静的な環境として捉えるのではなく、動的な相互の関わりの中で形成されていく環境像として捉えている。相互の関わりあいは、私たちが環境に働きかける、環境から働きかけられる、と言い換えることができる。

環境像とは、私たちがどのように環境を認知するかを指す言葉ともなる。例えば、発達障がいの子どもの場合、色覚・聴覚といった感覚器官の特性から、障がいをもたない子どもとは異なる環境像が現れる。その視点から、その環境像との向かいあいを支援・教育等が考えられなければならない。

### ４つの視座に基づいて考察

これらの捉え方が第１章で、幼稚園教育要領に限定しての環境を扱うのが第２章で、認知との関わりが具体的に問われるところでもある。第３章では、乳幼児には各々の発達段階に応じての働きかけと、環境像があることとなる。第４章では、とりわけ「前操作期」段階での不完全な環境像や、その後の展開も触れて、非言語や言葉に限定しているが、多様で異質な世界像との練り合わせに言及している。

# 第1章　環境の捉え方

## 1．環境に対する基本的な考え方

　私たちが働きかけた度合いに応じて環境が設定され、そこから環境像が形成される（働きかけた度合いに応じた環境像）。環境像を周りの環境として捉えたものとしては、ピアジェの『子どもの目から見た世界』[1]等が知られている。現在では、発達に即しては、乳児の世界認識のみならず、場合によっては胎児、さらには障がい者や認知症の世界認識等が論議されている[2]。本書第3章に、胎児、乳児の世界認識について言及しているので、参照してほしい。発達障がいに伴いやすい、例えば聴覚の過敏あるいは鈍磨の場合、通常の場合は会話等において、特定の音を切り出すことが可能であるが、周りの環境の音全てを取り入れると聞き取りが困難な環境像が形成される。他の感覚器官の認知レベルにおいても似たような環境像が現れる。

　2004年5月に発足したこども環境学会は、子どもの事故、学童による殺人事件、TVゲーム、インターネット関連の犯罪、遊び仲間、遊び場、遊び時間などの減少による遊びの消失など、子どもを取り巻く環境が急速に変化しているとして、子ども環境という視点から総合的、統合的に捉える必要があるとして設立され[3]、子どもの成育に寄与する環境づくりを目指す。「子どもを取り巻く環境」という言葉にみられるように、環境は子どもの周りに静的にあるもの、子どもの成育に働きかけるもの、と捉えられている。

　このような捉え方に対して、私たちは環境という考え方を少し広げて、子ど

もが環境に働きかける、環境から働きかけられるといった、相互の働きかけの中での環境や環境像として捉えていく。

### (1) 働きかけの中での環境という捉え方の大枠
この働きかけた度合いに応じての環境像は、次のようなものである。
①働きかけに規定される世界の像があり、その背景には、働きかける主体の目的をもった働きかけがある。
②働きかけた度合いに応じての範囲内の世界の像には、働きかけ・行為・作用がある。
③その世界の像との関わりの中で、働きかけに対応した世界の像から働きかけられ、自己を再構成していく。
④その世界の像は、働きかけに応じているので主観的・マチガイも内包する可能性がある。

働きかけに応じての世界の像という視点からみると、その働きかけの局限性からすると、目的に応じた範囲内において不必要なことは見ることがなくなる像が展開される。後述するが、働きかけの局限性に応じて間違えることもありうる（マチガイの内包）。

また働きかけを多様に捉えていくことによって、世界の像が深く広く捉えられ、多様な世界の像の形成もありうることになる。その多様さの中で自分を位置づけていくことが重要な課題になる。

働きかけ・働きかけられる関係から、相互の作用があり、その深化としての発達過程が課題となる。発達過程は、これらの相互進行の中で深化し発展するのであり、一方向ではない。これらの相互の履歴が、発達過程の経歴の軌跡となる。生物的時間の経過が発達を促進することではないことは当然である。何もなければ長時間でも発達を促進しないし、逆に一瞬でも発達を促進する可能性もある。

例えば、人間の錯覚・錯視についてみると、そのように見えてしまう必然性は脳の生物的特性を反映しており、特性を逆手に利用した道具も活用されている。働きかけの多彩さがあるわけで、例えば、高齢者（例えば皮膚の温度感覚

等）や幼児にも同じ状況を考えることができる。

　世界の像について、何をもって正答とするのかでさえも不明確であることは、虹を何色と判断するのかにも表れている。虹は7色とされがちだが、生活に必要な色感覚に応じては3色もありうるし、そもそも7色も"七"の社会的・文化的背景を踏まえており、実際に7色を感知しているわけではない<sup>(5)</sup>。

　社会的背景を踏まえて、言葉による世界を切り取るという行為もある。月の模様に何を見るか、星をどう結んで星座をつくるか。これらの問題は「人がどう見るか」という、「人の視点」が世界を切り分けている例となる（人が月の模様をウサギと見ようが、カニと見ようが、月の模様自体は変わらない）。そしてその見方は「生活や身近なもの」に依拠していることとなる（例えば、船乗りがつくる星座には、新しい大陸で発見した生物が反映されているなど）。

### （2）生物的背景も

　働きかけに応じての世界の像を考察する背景には、環境概念の生物的背景を展開した環・世界像という考えがある。人間についての考察ではないが、生物学者のユクスキュルは、働きかけた度合いに応じての世界像という考察を行っている。当時は科学的な生物的事実の検証までには至らなかったが、視点そのものの問題提起の意義は大きいと考える<sup>(6)</sup>。生物学からの問題提起であるが、自己・働きかけ・世界の構成の3つをセットとしての環・世界像という捉え方は、学びの広がりの視点などの普遍的な課題とも通じていると考える。

　また環境との関わりの中では、この捉え方が多様であることは、生物関係の事例に数多く見られる<sup>(7)</sup>。例えばネコに関しても環境との関係で、縦じま・横じまに制限がある認識像が紹介されている<sup>(8)</sup>。

## 2．働きかけと環境像との相互深化と発達

### （1）世界の捉え方

　世界の捉え方を、①発達と、②多様な異質な視点の二つの視点から考える。

(1)-① 私と働きかけと、環境像との相互の深化による履歴と発達

　発達は物理的な時間の経過を示すものではなく、環境像との相互の作用の中での履歴が形成され、その度合いに応じて発達が形成される。その時々の位相に対応しての支援が、発達を助長することとなる。

　これらを図式的に表現すると、下図のようになる。

　自己と環境との相互進行は、相互の進行と履歴を形成する。

　自己1 ➡ 働きかけ1 ➡ 世界1
　←働きかけ・働きかけられる2
　　　　自己の変化 ⬌ より深化した働きかけ ➡ より深めた世界像2へ
　　　　　　以下、繰り返しによる深化・発達

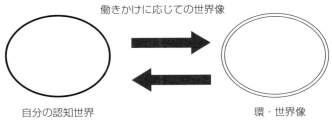

図1　自己と環境との相互進行

　この環・世界像は相互進行して行く中で、像と働きかけ行為と、自己が深く・広がっていくこととなる。

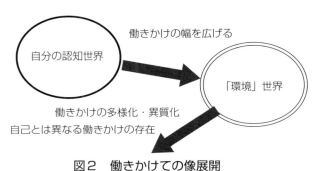

図2　働きかけての像展開

第1章　環境の捉え方　13

自分の認知世界を他者の認知世界との関わりの中で捉えていく。
　これらを踏まえた上で、環境像をより深く・広げる自己概念の拡張と、環境世界像の深化・発展がある。

　年齢の発達段階に応じる世界像があり、それとの対応で教育支援を考えていく必要がある。
　発達においては、各発達段階においての世界の像が形成される。例えば胎児では、遺伝子のスイッチのオン・オフのエピゲノム等による環境探査、乳児では、感覚や手と脳による空間認知などである。幼児では、後述するピアジェの「前操作期」もその発達段階における世界像として理解することができるし、さらには、児童の「子どもの科学」も同様である。これらは、子どもが生活体験から類推した科学像であり、必然的に法則は不完全な理解となる。同様にして高齢者等の温度感覚のズレなどにも現れる。環境条件に留意しておかないと、やけどする可能性もある。
　感覚は、環境との関わりの中で感覚としての機能を獲得し発展させていくのであり、脳もそれに連動している。どのように働きかけていくのかによって、脳の中で構成する環境の像も変化するし、その変化の中で感覚も鍛えられていくこととなる。よく「赤ちゃんは目が見えているのか」といわれることがあるが、物理的には完成していることと、機能としての脳との関係の中で像を形成することとは質的に差異があり、働きかけの中で感覚と脳とは相互深化していき、その中で感覚は"感覚"としての機能を獲得していくこととなる。わかりやすくいうと、"見るという行為"によって、"見えてくる"こととなるわけである。単純な"見る"という行為も一方的に捉えることはできないのである。[9]
　手の働きかけと脳との相互進行の中で、「空間」像が乳児において形成されていき、点・線・面、さらには3次元、そして動的な動きを捉えていく。[10]このような発達に対応しての空間の捉え方に対応して、「時間概念の発達」というような課題もあるだろう。
　働きかけて働きかけられるという相互の進行過程の中で履歴が形成されていく。それらが発達として現れることとなる。[11]

(1)-② 幼稚園教育要領にみられる"異なる"視点に基づく像をつなぐ

　主体からみた働きかけにおいては、環境像は一律に現れそうだが、働きかける行為による多様性は、多様な世界の像を形成し、異質な世界の像を形成する。例えば、外国人は鈴虫等の鳴き声を"うるさい"と捉える。イヌ等の動物の鳴き声と同様に、音そのものに変化はないが、把握の仕方には差異があるのである。話し合って解決するものではない。

　働きかけの特性に応じての環境像は、環境をより深く捉えていくために多様な働きかけがあり、それに応じて多様で異質な世界像を生み出す。この多様で異なる世界の捉え方があるので、その差異のつながりという課題が現れる。その差異の「違う」ことを考えることは、他者を介して自己を問うこととなる。これは幼稚園教育要領においては、［協同性］として、人間関係《他の人々と親しみ、支え合った生活するために、自立心を育て、人とかかわる力を養う》という自己と他者とが問われていることとも通ずる。

　この多様で異なる世界の捉え方の差異をつながりとして、次の3つの点に着目したい。
①高齢者をはじめ地域の人々などの自分の生活に関係の深いいろいろな人に親しみをもつことへの配慮
②特別な配慮を必要とする幼児への指導
③海外から帰国した幼児や生活に必要な日本語の習得に困難のある幼児の幼稚園生活への適応

多様で異質な世界の像があることが普遍的で、後述することになるが、
a　その像の認識段階を読み取り、
b　その像を構成する論理の組み立てに寄り添い、
c　その像との自らの対峙を支援することが意味をもってくる。

　発達における支援での普遍的な視点は、自らで解決を行う方向に支援することが重要で、外部からの一方的な働きかけは支援にはならない。
　本書では「こども環境科」に限定しているが、例えば障がい者の異質性や多次元状態での世界"像"は、働きかけの多様性・異質性があることは前提で、

最近では認知症等における環境像においても、空間認知と視野制限があることが報告されている。

最近の研究では、親との関わりの中では、反応を回避するために脳そのものに異変が起きる可能性も指摘されている。環境との関わりに対して防衛反応が生ずる可能性もあり、どのような働きかけを行うべきかという課題は大きい。

(倉賀野志郎)

**注**
(1) その視点から捉えた世界像という考え方は普遍的な様相を持っている。その一つが赤ちゃんであり、子どもとなる。
(2) 山口真美（2006）『赤ちゃんは世界をどう見ているか』平凡社
(3) 織田正昭（2005）「こども環境学会設立にあたって」『こども環境学研究』Vol.1、No.1、p.6
(4) 山口真美（2005）『視覚世界の謎に迫る——脳と視覚の実験心理学』講談社
(5) 板倉聖宣（2003）『虹は七色か六色か』仮説社
(6) ユクスキュル，U. J.（1973）『生物から見た世界』思索社。日高敏隆もユクスキュルの視点を紹介している。日高敏隆（2003）『動物と人間の世界認識——イリュージョンなしには世界は見えない』筑摩書房を参照のこと。
(7) 野島智司（2012）『ヒトの見ている世界・蝶の見ている世界』青春出版
(8) 高木雅行（2008）『タテジマ飼育のネコはヨコジマが見えない』SBクリエイティブ
(9) 藤田一郎（2007）『"見る"とはどういうことか——脳と心の関係をさぐる』化学同人
(10) 空間認知の発達研究会（1995）『空間に生きる——空間認知の発達的研究』北大路書房。乳児の目による顔表情認知はおもしろい。田中昌人・田中杉江（1981）『子どもの発達と診断——乳児期前半・後半』大月書店、1981年。発達過程を考察することによって障がいの早期発見と対応への課題へと結び付けている。空間認知の次元的展開は興味深い。
(11) 本川達雄（1992）『ゾウの時間・ネズミの時間』中央公論新社。代謝による生物時間という視点は、相対性理論とも通じている。

# 第2章　私たちの視点からの
## 幼稚園教育要領と「環境」

　平成29年3月、幼稚園教育要領、保育所保育指針、幼保連携型認定こども園教育・保育要領が初めて同時に改訂（定）され、翌30年4月施行された。幼稚園教育要領の改訂のポイントについて、改訂作業に関わった無藤（2017）は、幼稚園教育要領と保育所保育指針、幼保連携型認定こども園教育・保育要領が同時に改訂（定）されることを踏まえ、変わるキーポイント①3歳以上の子どもの教育部分の共通化、②幼児期に育てたい力の明記、③カリキュラム・マネジメントの確立を指摘する。無藤と汐見（2017）は、①幼児教育における見方・考え方、②カリキュラム・マネジメント、③ねらい及び内容の加筆、④特別支援教育、海外から帰国した幼児への対応を指摘する。

　そもそも、「幼稚園、小学校、中学校、高等学校及び特別支援学校の学習指導要領等の改善及び必要な方策等について（答申）」（以下、中教審答申）（平成28年12月21日）により、改訂の基本方針として、①幼児教育で育みたい資質・能力の明確化、②幼児期において育みたい資質・能力の明確化と幼小接続の推進、③現代的な諸課題を踏まえた教育内容の見直し、が示されており、上記の改訂ポイントの指摘も中教審答申をなぞったものとなっている。

　改訂が強調される中、幼稚園教育の基本はこれまで通り、「幼児期の特性を踏まえ、環境を通して行う」とされ、続いて「幼児が身近な環境に主体的に関わり、環境との関わり方や意味に気付き、これらを取り込もうとして、試行錯誤したり、考えたりするようになる幼児期の教育における見方・考え方を生かし」すと、小学校以上の教育とは異なる幼児教育の特徴として、環境による教

育が一層強調される。

　子どもと環境との関係は、子どもが環境に働きかける、環境から働きかけられるという双方向的な関係がある。これは「人間の発達を規定するものは素質か環境か」という問いに対して、「素質も環境もある。素質も環境によって再形成されうる」という相互作用論的な考え方が発達理論において支持されていることの延長線上にある。『幼稚園教育要領解説』でも、幼児一人一人の潜在的な可能性は、環境との相互作用を通して具現化されているとされる。

　改訂作業に関わった者の著書や『幼稚園教育要領解説』に基づいて、幼稚園教育要領を理解することは重要である。しかし、他の読み方はできないのか。そこで、本章は子どもと双方向的な関係にある環境の視点から、幼稚園教育要領の隠れたメッセージを明らかにする。

## 1．持続可能な社会の創り手

　平成20年幼稚園教育要領（以下、旧幼稚園教育要領）と平成29年幼稚園教育要領（以下、幼稚園教育要領）の構成を比べると[1]、幼稚園教育要領では第1章総則の前に前文が加わった。前文は教育基本法第1条、第2条、第11条の引用部分、これからの幼稚園の在り方と教育課程の意義について書かれた部分、幼稚園教育要領の意義について書かれた部分、の大きく3つの部分に分けられる。

　これからの幼稚園の在り方では、「学校教育の始まりとして、（中略）一人一人の幼児が将来、自分のよさや可能性を認識するとともに、あらゆる他者を価値のある存在として尊重し、多様な人々と協働しながら様々な社会的変化を乗り越え、豊かな人生を切り拓き、持続可能な社会の創り手となることができるようにするための基礎を培う」と述べられる。

　そこでは、「自分のよさや可能性を認識する」、それによって「豊かな人生を切り拓く」といった個人の領域、「あらゆる他者を価値のある存在として尊重」する、それによって「多様な人々と協働しながら様々な社会的変化を乗り越える」という他の人々との関係の領域を収斂させた到達点として、「持続可能な社会の創り手」が置かれている。

　「持続可能」という理念は、1987年、国連の環境と開発に関する世界委員会

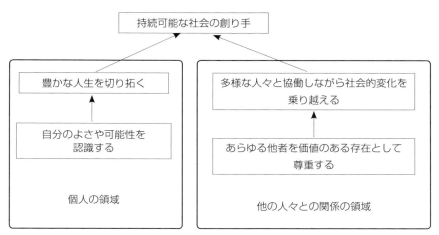

図1　幼稚園の在り方で示される持続可能な社会の創り手

の最終報告書「地球の未来を守るために（Our Common Future）」において提唱された。報告によると、「持続可能な開発」（Sustainable Development）とは「将来の世代のニーズを妥協させることなしに、現在の世代のニーズをも満足させるような開発」を意味する。1992年の地球サミットでは、「持続可能な開発」を人権、人口、社会開発、人間居住の問題と考え、持続可能な開発のために教育が重要な役割を担うことが認識された。その後、ユネスコが中心となって、「持続可能な開発のための教育」（Education for Sustainable Development、以下ESD）の在り方を検討してきた。

　ユネスコでは、ESDを世界にある環境、貧困、人権、平和、開発といった様々な課題を自らの問題として捉え、身近なところから取り組むことにより、それらの課題の解決につながる新たな価値観や行動を生み出すこと、そしてそれによって持続可能な社会を創造していくことを目指す学習や活動と説明する。ESDの実施には、①人格の発達や自律心、判断力、責任感などの人間性を育むこと、②他人との関係性、社会との関係性、自然環境との関係性を認識し、「関わり」「つながり」を尊重できる個人を育むこと、の2つの観点が必要とされている。

　中教審答申では、持続可能な社会を実現していくのは地球規模の課題と指摘

し、ESD に関するユネスコ世界会議のホスト国として先進的な役割を果たしていくことを提起する。ユネスコでは持続可能な社会発展という視点から、就学前教育についてシンポジウムを行っており、2008 年に報告を刊行している。それによると、乳幼児期に形成される知的・心理的・感情的・社会的・身体的基盤が、持続可能な社会を支える価値観・態度・技能を育む上で大きな潜在力をもつという（UNESCO, 2008）。

　ユネスコの ESD に比べ、幼稚園教育要領の ESD では、人間性が自分のよさや可能性と自己肯定感に関わるもの、「関わり」「つながり」の尊重が他の人々との関わりやつながりに焦点化されている。第 5 章で詳述するように、日本の子どもの自尊感情、自己肯定感の低さが指摘されてきた。そのため、低い自尊感情、自己肯定感を改善し、国際社会における日本の評価を高めるメッセージがみられる。

## 2．幼児期の特性を生かした環境を通しての教育

　幼稚園の基本は、これまでと同様、幼児期の特性を踏まえ、環境を通して行うとされる。幼児期は発達からみてどのような時期にあたるのだろうか。
　表 1 は、古典的な発達理論とされるピアジェ、エリクソンの理論から、幼児

表 1　幼児期の発達

| | |
|---|---|
| ピアジェ | 『前操作的（自己中心的）段階』<br>「今、ここ」にある世界（実物）を離れて頭の中で実物を描いて捉えられる。<br>　イメージで捉える段階（表象的思考）から概念化が進むが推論や判断が直観的（直感的思考）な段階に移行する。 |
| エリクソン | 自主性　対　罪悪感<br>　子どもは活気に満ちあふれ、遊びを通して成長していく中で、自主性を発揮して様々なことに挑戦する。<br>　一方、自分はしてはいけないことをしている悪い子であるという罪悪感が生じる場合もある。 |

期の発達をまとめたものである。ピアジェが指摘した直感的思考は、実物を中心とした思考を指す。「四囲の外界、物的条件等」の国語辞書の環境定義にみられるように、実物は環境と捉えられる。すなわち、幼児は環境を通して推論したり判断したりすることができるようになる。エリクソンは、遊びの教育的価値を示唆し、子どもの自発的な活動としての遊びに力点を置く。幼稚園教育要領も、「遊びは、心身の調和のとれた発達の基礎を培う重要な学習である」と遊びの教育的価値を明記する。どのようなモノで遊ぶのか、誰と遊ぶのかにみられるように、遊びも環境と深く関わる。

旧幼稚園教育要領解説から、幼児期の発達の特性をまとめると以下の通りである。

表2　発達の過程

| | |
|---|---|
| 身体面 | 身体が著しく発育すると共に、運動機能が急速に発達する時期 |
| 自立心の芽生え | 次第に自分でやりたいという意識が強くなる一方で、信頼できる保護者や教師などの大人にまだ依存したいという気持ちも強く残っている時期 |
| 認識面 | ・自分の生活経験によって親しんだ具体的なものを手掛かりにして、自分自身のイメージを形成し、それに基づいて物事を受け止めている時期<br>・環境と能動的に関わることを通して、周りの物事に対処し、人々と交渉する際の基本的な枠組みとなる事柄についての概念を形成する時期 |
| 行動面 | 信頼や憧れをもって見ている周囲の対象の言動や態度などを模倣したり、自分の行動にそのまま取り入れたりする時期 |
| 道徳面 | 他者との関わり合いの中で、様々な葛藤やつまずきなどを体験することを通して、将来の善悪の判断につながる、やってよいことや悪いことの基本的な区別ができるようになる時期 |

認識面での「環境と能動的に関わること」に象徴されるように、幼児から環境に関わる方向と、信頼される対応をとる保護者や教師などのように、環境か

ら幼児に関わる方向とがある。

　子どもの徳育に関する懇談会「子どもの徳育の充実に向けた在り方について（報告）」（平成 21 年 9 月 11 日）では、「幼児期になるにつれ、身近な人や周囲の物、自然などの環境と関わりを深め、興味・関心の対象を広げ、認識力や社会性を発達させていくとともに、食事や排泄、睡眠といった基本的な生活習慣を獲得していく」と、幼児期が身近な環境との関わりを深め、関わる体験を通して興味・関心の対象を広げ、認識力や社会性を発達させる時期だとされる。文部科学省「幼児教育部会における審議の取りまとめ（報告）」（平成 28 年 8 月 26 日）では、「幼児期は、幼児一人一人が異なる家庭環境や生活経験の中で、自分が親しんだ具体的なものを手掛かりにして、自分自身のイメージを形成し、それに基づいて物事を感じ取ったり気付いたりする時期」と、幼児が環境の中でモノを手掛かりに、学びを深めることを述べる。

　幼稚園教育要領では、幼稚園教育の基本を踏まえ、教師は、幼児との信頼関係を十分に築くこと（養護）、幼児が身近な環境に主体的に関わり、環境との関わり方や意味に気付き、これらを取り込もうとして、試行錯誤したり、考えたりするようになる幼児期の教育における見方・考え方を生かし、幼児と共によりよい教育環境を創造すること（教育）に努めるものとされる[(2)]。ここでは、幼児が身近な環境に主体的に関わり、環境との関わり方や意味に気付き、これらを取り込もうとして、試行錯誤したり、考えたりするようになる幼児期の教育における見方・考え方を生かす、という箇所が新しく加わった。

　幼児期の教育における見方・考え方について、「幼児教育部会における審議の取りまとめ（報告）」では、「幼児教育における『見方・考え方』は、幼児がそれぞれの発達に即しながら身近な環境に主体的に関わり、心動かされる体験を重ね遊びが発展し生活が広がる中で、環境との関わり方や意味に気付き、これらを取り込もうとして、諸感覚を働かせながら、試行錯誤したり、思い巡らしたりすることである」と述べる。

　これらを踏まえると、環境を通して行うという幼稚園教育の基本はそのままに、「身近な環境に子どもが能動的・主体的に関わり試行錯誤しながら学んでいく環境に子どもが関わり、意味を見いだすという『見方・考え方』を生かす教育」（無藤・汐見　前掲書，p.28）をしていくことが加わった。

## 3．幼稚園教育において育みたい資質・能力及び「幼児期の終わりまでに育ってほしい姿」

　改訂のポイントとして指摘されたように、幼稚園教育において育みたい資質・能力及び「幼児期の終わりまでに育ってほしい姿」が追加された。育みたい資質・能力として、
　（1）豊かな体験を通じて、感じたり、気付いたり、わかったり、できるようになったりする「知識及び技能の基礎」
　（2）気付いたことや、できるようになったことなどを使い、考えたり、試したり、工夫したり、表現したりする「思考力、判断力、表現力等の基礎」
　（3）心情、意欲、態度が育つ中で、よりよい生活を営もうとする「学びに向かう力、人間性等」
が挙げられる。
　これらの資質・能力は生きる力の基礎を育むために必要な資質・能力とされる。生きる力とは1996年7月中教審答申で「変化の激しいこれからの社会を生きていくために必要な能力・資質の総称」と定義された力で、
　①自分で課題を見つけ、自ら学び、考え、主体的に判断し、行動し、よりよく問題を解決するための資質、能力
　②自らを律しつつ、他人と協調し、他人を思いやる心や感動する心などの豊かな人間性
　③たくましく生きるための健康や体力
の3つの要素からなる。
　1998年の学習指導要領の改訂をめぐって学力低下論争が起こったことを受け、①の問題解決能力は2007年、「基礎的な知識及び技能」「これらを活用して課題を解決するために必要な思考力、判断力、表現力その他の能力」及び「主体的に学習に取り組む態度」の3つの要素からなる「確かな学力」に変わった。
　幼稚園教育において育みたい資質・能力の3つの柱は、確かな学力の3つの

要素や海外の事例やカリキュラム研究等に関する分析であげられる知識に関するもの、スキルに関するもの、情意（人間性など）に関するものの3分類を受けたものとされている。これまで明言されてきた健康や体力は入れられず、人間性も学びに向かう力とセットにされており、学力を重視するメッセージとなっている。

　幼稚園教育においてこれらの資質・能力が育まれた幼児の幼稚園修了時の具体的な姿として、①健康な心と体、②自立心、③協同性、④道徳性・規範意識の芽生え、⑤社会生活との関わり、⑥思考力の芽生え、⑦自然との関わり・生命尊重、⑧数量や図形、標識や文字などへの関心・感覚、⑨言葉による伝え合い、⑩豊かな感性と表現、の10の姿が設定される。

　「環境」の言葉が使われるのは自立心と社会生活との関わりである。自立心では「身近な環境に主体的に関わり様々な活動を楽しむ中で、しなければならないことを自覚し、自分の力で行うために考えたり、工夫したりしながら、諦めずにやり遂げることで達成感を味わい、自信をもって行動するようになる」と、幼児が身近な環境に関わり活動を楽しむ中で、自立心が育つとされる。社会生活との関わりでは後半、「幼稚園内外の様々な環境に関わる中で、遊びや生活に必要な情報を取り入れ、情報に基づき判断したり、情報を伝え合ったり、活用したりするなど、情報を役立てながら活動するようになる」と、幼児が環境に関わる中で、情報を役立て活動するとされる。幼児教育では直接体験をよしとしているため、単に情報を受け取るといった間接体験はよしとされず、活動するという直接体験につなげられている。

　社会生活の前半を含む8つの姿で環境が示唆される。自然や事象などモノとしての環境が4つ、友達や家族、地域の身近な人々など人的環境が6つ、物理的環境が1つと、人的環境が多く示唆される。「中で」「通して」という言葉に象徴されるように、幼児が環境に主体的に関わること、体験することにより、そのような姿に近づくことが目指される。

　しかし、「家族を大切にしようとする気持ち」は無前提にもつことが目指される。児童虐待など子どもに不適切な関わりをする親は少なくないが、そのような親も大切にしようと思わなければならない[3]。また、道徳性・規範意識の芽生えでは、友達との様々な体験を重ねる中で、善悪がわかるとされる。ここで

表3　8つの姿で示唆される環境

| 育ってほしい姿 | 環境の示唆 |
| --- | --- |
| （3）協同性 | 人「友達と関わる中で……」 |
| （4）道徳性・規範意識の芽生え | 人「友達と様々な体験を重ねる中で……」「友達の気持ちに共感したりし、相手の立場に立って行動する……」「友達と折り合いを付け……」 |
| （5）社会生活との関わり | 人「家族を大切にしようとする気持ち…」「地域の身近な人々と触れ合う……」 |
| （6）思考力の芽生え | モノ「身近な事象に積極的に関わる中で……」<br>人「友達の様々な考え方に触れる中で……」 |
| （7）自然との関わり・生命尊重 | モノ「自然に触れて感動する体験を通して……」 |
| （8）数量や図形、標識や文字などへの関心・感覚 | モノ「遊びや生活の中で、数量や図形、標識や文字などに親しむ体験を重ねたり、標識や文字の役割に気付いたり……」 |
| （9）言葉による伝え合い | 人「先生や友達と心を通わせる中で……」 |
| （10）豊かな感性と表現 | モノ「様々な素材の特徴や表現の仕方などに気付き……」<br>人「友達同士で表現する過程を楽しんだり……」 |

留意しなければならないのは、いじめの問題である。

　村田陽子と佐藤登（1998）が幼稚園5歳児クラスで、一人の子どもに対して集団で殴る、蹴るといった「いじめの走りとも考えられる」行為があったこと、遠藤ら（1997）が幼稚園等でのいじめ事例の多くが幼児の集団形成の形成と密接に関係があることを明らかにするように、幼稚園においてもいじめはある。年齢が高くなると、一人を排除することで集団の凝集性を高めようとしたり、「異質」と感じる者を意図的に排除することで集団のまとまりを感じて喜ぶ姿がみられる場合がある（遠藤他　前掲書）。畠山と山崎（2003）によると、幼児期においては社会性スキル不足の子どもが「異質」とみなされやすい。そのため、いじめられて当然とみなされやすい。

これらにみられるように、10の姿には、家族や友達を暗黙のうちに善いものとするメッセージがみられる。そのメッセージは子どもへの不適切な関わりやいじめといった幼児をめぐる現実を無視し、結果的にメッセージが伝達される幼児に、「親に虐待されるほど悪い子ども」という自己像や「みんなからみて『異質』ゆえに、いじめられて当然の子ども」という他者像を植え付ける危険性がある。

　筆者は平成29年度、「教育課程の意義及び編成の方法」を教える科目として、「幼児教育課程総論」を担当し、幼稚園教育要領の内容理解を図るため、ワークシートを使った授業を展開した。設問5「幼稚園教育において、生きる力の基礎となるものとして育みたい（育てたい）ものはどのように変化したのか」の後、設問6「5の変化や幼児期の終わりまでに育ってほしい姿を明らかにすることについてどのように考えるのか、自分の考えを書きなさい」を入れた。設問6の回答のうち、肯定的な回答は以下のとおりである。

　　「目標がわかりやすく指導（教育）しやすい」
　　「育てたい力の基礎的なところを明らかにしておけば、発達の違いや遅れとかも見えてくる」
　　「具体的になっており、考える力や、主に勉強の前段階と思われる内容が増えている」
　　「学校教育の始まりを見据えての教育」
　　「小学校教育に進む上でとても大切なことだ。そのことにより、学習能力や意欲の向上にもつながると思います」
　　「子どもたちが『今何を必要としているか』も次第にわかってきたり等がある」
　　「1人1人の中身、心だけを育てるのではなく、生まれながらに持っているものを育てることにとても賛成です。小学校就学までに1人の人間として自信をつけることは大事だと思います」

　反対に、否定的な回答は以下のとおりである。

「もっとほかにも育ってほしい姿があるはずなのにここだけぬきだすのはちがうなと思う」

　「育みたいものとして能力があげられていることを疑問に思います。なにかもっと別な表現があったのではないかと思いました」

　「資質、能力は必要だとしても思いやりや相手（へ）の態度などをみにつけることこそが大切だと思う」

　（カッコ内：引用者）

　幼稚園教育において育みたい心情・意欲・態度から育みたい資質・能力及び「幼児期の終わりまでに育ってほしい姿」への変化は、幼稚園教諭の指導や子どもの理解につながるもの、小学校教育との接続につながるものと肯定的に捉えられている。子どもの理解の中には、特別な配慮が必要な子どもを把握するという回答もみられる。回答した学生は2年生であり、1年次に保育士養成のための必修科目「障害児保育」を履修し、2年次に「ムーブメント教育・療法の指導」を受講している。後者の授業では、子どもの発達を、運動・感覚（姿勢、移動、技巧）、言語（受容言語、表出言語）、社会性（対人関係）の3分野6領域にわたりチェックするなどの内容が入っている MEPA-R を使ったアセスメントも行われている。

　一方、「能力」という言葉に対する抵抗を示す学生もみられる。能力重視の傾向は OECD の DeSeCo プログラムが提唱する「キー・コンピテンシー」や21世紀型スキルなどを継承しているといえる。OECD はコンピテンシーを「単なる知識や技能だけではなく、技能や態度を含む様々な心理的・社会的なリソースを活用して、特定の文脈の中で複雑な要求（課題）に対応することができる力」と捉える。そして、キー・コンピテンシーをコンピテンシーの中で、特に、①人生の成功や社会の発展にとって有益、②さまざまな文脈の中でも重要な要求（課題）に対応するために必要、③特定の専門家ではなくすべての個人にとって重要、といった性質をもつとして選択されたもの、と定義する。キー・コンピテンシーは「異質な人々からなるグループと相互に交流する」「言語や科学技術などの道具を相互作用的に利用する」「自律的に活動する」の3つの領域から構成され、その核心は思慮深さにある。3つの領域のうち、「言

語や科学技術などの道具を相互作用的に利用する」は、PISA で学校教育の基礎・基本を超えた活用能力を問われていることの延長にある。

　それにしても、なぜこれまでの心情・意欲・態度ではなく、資質・能力なのだろうか。「(3) 学びに向かう力、人間性等」で「心情、意欲、態度が育つ中で」という言葉が使われているが、幼児教育が重視されている国際的潮流に乗り遅れない、小学校生活への適応を円滑にする、ひいては学力向上につなげるといったメッセージがあるようにみえる。

## 4．領域「環境」

　身近な環境に焦点が当てられるのが領域「環境」である。①身近な環境に親しみ、自然と触れ合う中で様々な事象に興味や関心をもつ、②身近な環境に自分から関わり、発見を楽しんだり、考えたりし、それを生活に取り入れようとする、③身近な事象を見たり、考えたり、扱ったりする中で、物の性質や数量、文字などに対する感覚を豊かにする、の3つのねらいは変わらず(4)、幼児が身近な環境と関わることが強調される。

　ねらいを達成するために指導する項目である「内容」では、伝統や文化に関する教育の充実として、「(6) 日常生活の中で、我が国や地域社会における様々な文化や伝統に親しむ」が加わった。それを受けて、「内容の取扱い」でも、「(4) 文化や伝統に親しむ際には、正月や節句など我が国の伝統的な行事、国歌、唱歌、わらべうたや我が国の伝統的な遊びに親しんだり、異なる文化に触れる活動に親しんだりすることを通じて、社会とのつながりの意識や国際理解の意識の芽生えなどが養われるようにすること」が加わった。

　文化や伝統に親しむ方法として、伝統的な行事、唱歌、わらべうたと並列して、国歌が挙げられている。年間行事として、クリスマスや節分などの伝統行事を行う幼稚園は多い。わらべうたは子どもたちの遊びの中から生まれた歌、唱歌も「子どものための子どもの歌」の系譜がある。これらと国歌は身近さという観点から、一線を画す。旧幼稚園教育要領からある「(12) 幼稚園内外の行事において国旗に親しむ」と相まって、学校教育において国旗及び国歌を指導するとした平成 14 年の通知を幼稚園に適応したもの、改正教育基本法の趣

旨を徹底したものであり、憲法に国旗、国歌を位置付けようとする自由民主党の憲法改正案（平成24）を受容させるメッセージとなっている。

　もう一つは、身近な物や遊具への関わりについて、「考えたり、試したりして工夫して遊ぶ」の前に、「自分なりに比べたり、関連付けたりしながら」が加わった。これは指導の方法として、「主体的・対話的で深い学び」が加わったことに関連している。遊びを通じた子どもとモノとしての環境との関わり、人的環境としての友だちとの関わりが学びとなるとされる中、環境から子どもへの関わりという関係は消極的なものとして言及されない。

　たしかに、幼児は活気に満ちあふれ、興味のあるものに関わり、試したりして工夫して遊ぶ。しかし、環境に主体的に関わる幼児の姿は〈普通〉とされる幼児の姿に他ならない。特別な配慮を必要とする幼児の中には、環境への関わり方が消極的にみえる幼児や限定された興味のあるもの以外に興味を示さない幼児もみられる。特別な配慮を必要とする幼児への教育を充実させる一方で、幼稚園教育要領は全体的に特別な配慮を必要とする幼児を見えない存在としているようにみえる。

## 5．カリキュラム・マネジメントからみた環境

　教育課程をめぐって、従来から教育課程の編成、それに基づく指導計画の作成（Plan）—保育実践（Do）—教育課程の評価（Check）—教育課程の改善（Action）といったPDCAサイクルは位置づけられてきた。実際、旧幼稚園教育要領解説では、教育課程についての評価が改善に活用されなければ、評価本来の意義が発揮されないと、改善の意義を強調している。しかし、幼稚園教育要領自体には、教育課程を編成するにあたり留意する点が書かれるのみであった。

　幼稚園教育要領では、「よりよい学校教育を通してよりよい社会を創るという理念」を学校と社会とが共有し、教育課程を通して、これからの時代に求められる教育を実現すると、社会に開かれた教育課程の在り方が明記された。そこには、学校の役割を肥大化するメッセージがみられる。

　幼稚園教育要領では、全体的な計画にも留意しながら、「幼児期の終わりま

でに育ってほしい姿」を踏まえ教育課程を編成すること、教育課程の実施状況を評価してその改善を図っていくこと、教育課程の実施に必要な人的又は物的な体制を確保するとともにその改善を図っていくことなどを通して、教育課程に基づき組織的かつ計画的に各幼稚園の教育活動の質の向上を図っていくことを「カリキュラム・マネジメント」と位置づける。

　人的な体制は教職員の配置に他ならない。幼稚園設置基準では、1学級の幼児数を35人以下としているが、平成28年度学校基本調査によると、1学級22.36人である。本務教員1人あたり園児数は13.4人であることから、複数の教員が1学級を担当している。社会全体で非正規雇用労働者が増加していることと、園児数の減少により幼稚園の経営が厳しくなっていることを踏まえると、本務教員以外の教員が担当する場合もあるだろう。本務教員と本務以外の教員がどのようにチームとして子どもを教育するか、そこを置き去りにすると、カリキュラム・マネジメントに基づく人的配置は子どもに矛盾したメッセージを伝えることになるだろう。

　物的な体制も子どもは園の環境に置かれたものと出会い、そこから自分ができることを探し、取り組むものの（無藤，2007）、単に物を増やすだけでは意味がないだろう。内容「身近な物を大切にする」は、幼児が物に愛着をもつという幼児の姿を基に、一つ一つの物に愛着を抱くことができるように教師が援助することを求めている。豊かな社会の中で、ものがあふれる中、子どもの育ちにとって、どのようなものが必要か、他の代替できるものはないか問うことが必要である。

　「カリキュラム・マネジメント」の言葉は総則第6の幼稚園運営上の留意事項にも、各幼稚園が行う学校評価についてカリキュラム・マネジメントと関連付けながら実施するよう留意するものとする、と言及されている。

## 6．特別な配慮を必要とする幼児への指導からみた環境

　総則の第6「特別な配慮を必要とする幼児への指導」に、「海外から帰国した幼児や生活に必要な日本語の習得に困難のある幼児の幼稚園生活への適応」が入れられた。入管法改正により、日系ブラジル人、日系ペルー人などニュー

カマーが増加し、その子どもが日本の学校に入ってくるようになった1990年代以来、帰国児童生徒や外国人児童生徒の学校生活への適応は教育施策になってきた。

　平成5年版『我が国の文教施策』では、初めて「外国人児童生徒に対する日本語教育等」について言及し、「これら外国人児童生徒ができる限り早く我が国の学校生活に適応できるよう日本語指導の充実を始め必要な対策を講じる必要が生じている」とされた。平成13年度から、日本語指導が必要な外国人児童生徒を学校生活に速やかに適応させるために、文科省は日本語指導から教科指導につながる段階の「JSLカリキュラム」——学習に参加する力の育成を意図するトピック型JSLカリキュラムと教科志向型JSLカリキュラム——の開発を行った。

　外国人の子どもを受け入れてきた保育園の保育者の語りによると、保育現場では言葉や生活習慣の問題、人との意思疎通の問題が指摘されているが、それは、微視的にみると、園生活における日常的な人の関わりのありようの問題である（大場他，1998）。大場（1998）は、外国人の子どもが日本の保育園になじむことについて、なじむことの中に問題が潜んでいるかもしれないし、なじめなさはなにを表すことなのかと捉えることが求められていると述べる。彼が補足するには、一律に一定の期間内になじむよう仕向けることを急ぐと、子どもからの異議申し立ての表現を見落とすかもしれない。

　「適応」という言葉に象徴されるように、異質な文化的背景をもつ子どもが既存の幼稚園の生活に合うように、環境への関わり方を変えることが求められている。幼稚園教育要領解説では、「まず教師自身が当該幼児が暮らしていた国の生活などに関心をもち、理解しようとする姿勢を保ち、一人一人の幼児の実情を把握すること」とする記述もみられるが、子ども理解の延長にとどまる。その次に、「自然に日本語に触れたり、日本の生活習慣に触れたりすることができるように配慮することも大切である」「幼児が日本の生活や幼稚園生活に慣れていくよう、家庭との連携を図ることも大切である」と、幼児が日本の幼稚園生活になじむことが強調される。

　これまで述べてきたように、幼稚園教育要領は小学校との連続性を意識する

とともに、ESD、「キー・コンピテンシー」、21世紀型スキルなど国際的な教育の潮流に沿ったものであり、国際的に通用する個人をつくるべきだとするメッセージが伝達されている。

　その中核は学力である。このメッセージを中心的なメッセージとしながら、政権与党の憲法改正案を受容しやすくするメッセージ、学校の役割を肥大化するメッセージ、日本の幼稚園生活を自明視するメッセージ、特別な配慮を必要とする幼児を見えない存在とするメッセージがみられる。

（氏原陽子）

**注**
(1) 構成を旧幼稚園教育要領と比較することは容易である。筆者は平成29年度に担当した幼児教育課程総論の授業で、幼稚園教育要領の内容理解を図るワークシートで、まず構成の違いに気付かせる課題を盛り込んだ。
(2) カッコ内の言葉は引用者が挿入。
(3) 『幼稚園教育解説』では、教師との信頼関係を基盤としながら園内の幼児や教職員、他の幼児の保護者などいろいろな人と親しみをもって関わるようになるとし、その中で、家族を大切にしようとする気持ちをもつ、と記述される。
(4) 青井倫子（2010）「幼児の遊びと仲間たち」住田正樹編『子ども社会シリーズ4　子どもと地域社会』学文社、pp.41-59

**参考文献**
遠藤良江他（1997）「幼児期の『いじめ問題』をどう考えるか　その（2）：保育の中で『見過ごすことができない』事例を通して」『日本保育学会大会研究論文集』50、pp. 596-597
畠山美穂・山崎晃（2003）「幼児の攻撃・拒否的行動と保育者の対応に関する研究——参与観察を通して得られたいじめの実態」『発達心理学研究』第14巻、第3号、pp.284-293
無藤隆（2007）「環境を通しての教育」無藤隆『事例で学ぶ保育内容——〈領域〉環境』萌文書林
無藤隆（2017）『平成29年告示　幼稚園教育要領　保育所保育指針　幼保連携型認定こども園教育・保育要領：3法令改訂（定）の要点とこれからの保育』チャイルド本社
無藤隆・汐見稔幸（2017）『イラストで読む！　幼稚園教育要領　保育所保育指針

幼保連携型認定こども園教育・保育要領──はやわかり BOOK』学陽書房
村田陽子・佐藤登（1998）「保育内容の研究（10）──いじめの走りとも考えられる、幼児の言動について」『日本保育学会大会研究論文集』51、pp.267-268
尾木直樹（2000）『子どもの危機をどう見るか』岩波書店
大場幸夫（1998）『外国人の子どもの保育──親たちの要望と保育者の対応の実態』萌文書林
OECD における「キー・コンピテンシーについて」
http://www.mext.go.jp/b_menu/shingi/chukyo/chukyo3/016/siryo/06092005/002/001.htm（平成 29 年 8 月 29 日閲覧）
UNESCO（2008）The contribution of early childhood education to sustainable society.

# 第3章　子どもの発達と環境

　子どもの発達は生まれてからの生存率向上に備えている。いかに外の環境に体が順応し、発達できるか、いかに周囲の人間に育ててもらえるようにするか、生存できる確率が高められるかのプログラムが組み込まれ、発動するようになっているのである。

　また、研究が進むにつれて、胎児が我々の想像以上に生存するために必要な様々な能力を兼ね備えていることが明らかにされてきた。学生からも驚きの声が上がり「新生児がこんなに能力が高いとは思わなかった」「知らないことがわかるのは楽しい」「もっと知りたくなった」と興味関心が集まっている。

## 1．胎児も「世界」を捉えている──胎児期の「環境」と発達

　子どもの発達は、1個の受精卵が細胞分裂をするところから始まる。受精卵が10日ほどで子宮の内膜に着床し胎盤となる。この胎盤を通して、妊娠を継続し成長するためのホルモンの分泌や酸素、栄養、老廃物などのやり取りの環境を整える。

　この時、分裂開始後に一つの受精卵が二つの胎芽に分かれることにより一卵性双生児が誕生する可能性が大きくなる。また、複数の卵子が排卵されて受精をした場合は二卵性双生児など多胎妊娠となる。どのくらいの多子が育つかは胎内の環境が大きく影響する。国内では排卵誘発剤による「山下家の五つ子」が有名となったが、限られた空間である子宮の中で多子が生存、発達するには

厳しい環境である。ちなみにギネスブックの記録では全員が生存し得たのは「八つ子」が最高である。

受精卵は分裂を繰り返しながら、胚盤胞、胎芽、胎児へと発達をしていく。中枢神経系や心臓が早い段階から成長を遂げていく。これらは他の臓器を作り上げていくための命令系統となり、成長の条件を整えるために必須となるものである。脊髄や脳幹に反射中枢ができると原始反射が発達するが、さらに中脳や大脳皮質が発達し完成することにより原始反射は抑制されて消えていく。発達するときに出現し、消える時期に消滅する、左右の偏りがない原始反射がみられるかどうかで正常な発達を遂げているかを知ることができる。時期のずれや偏り方で中枢神経系の異常や、成熟度の遅滞が診断できる。

胎芽の段階より羊水に浮かんでいるため、より安定した環境となる。この安定した中で胎児は生存に向けて様々な準備をしていることが超音波検査の進歩により詳しくわかってきた。新生児が示す原始反射のほとんどは胎児のうちに成熟し、新生児になって必要がなくなると捨てていく。

例えば、羊水を飲む動きは在17週頃からみられ、吸啜（きゅうてつ）反射の出現は22～26週からで32週頃には成熟し、生後6ヵ月頃に消滅する。口唇探索反射についても手で顔を触ったり指しゃぶりをしたりと準備がみられる。

胎内では必要のない欠伸やしゃっくり、お腹や胸を膨らませるようにみえる呼吸様運動は、外界に出て自発呼吸をするための準備である。

視覚の発達では、光刺激が子宮内まで届かないために機能は出生後に発達すると考えられていたが、眼ができると瞼は閉じたままで目を動かす練習をしたり、お腹に強い光を当てて光を感じていることを見出したり、まばたきもみられるようになった。34～35週には視力も備わり、新生児とほぼ変わらないと考えられている。胎内では不必要なこの動きも、外界に出て視力を獲得していく準備であり、環境に早く順応するためである。

聴覚の発達は五感のうちでも最も早くに発達し、25週目から機能して35週目頃には視覚以上に大人レベルまで完成しているといわれている。子宮が外界の音を遮断して静かな環境にいると考えられていたのが否定され、騒がしい環境の中で母親の心臓の鼓動音や母親の声は他からの雑音より強く聞こえているのである。この感覚の記憶は新生児が泣いているときに母親の心臓の音を聞か

せると泣き止んだり、寝付いたり、体重が増加しやすいなどの結果からも支持されている。胎内で聞いていた音の記憶が、生まれてからも無意識に残っていると考えられる。「最期」（臨終）のときも最後まで耳の機能が残っているという通説もある。

## 2．働きかけることにより身の周りの環境が広がっていく
### ——新生児の環境と発達

　新生児が誕生すると羊水の安定した環境から外の世界では肺呼吸で空気を取り入れる大転換が行われる。昔から元気な産声を上げると「自発呼吸ができた」と認識され周りの人たちもほっとしたものである。しかし、口や喉に何らかの障害があった場合、仮死状態で誕生した場合などは産声が聞かれずに適切な処置が必要となる。環境の変化に適応できるように手助けがいる。新生児にとっては狭くて大変な産道を通り抜けてからの変化は大きい。

　この産道を自力で通り抜けてきた自然分娩と、麻酔をされて帝王切開でその過程を省略し母親からいきなり出された場合では、大きな環境の違いがみられる。その後の成長に影響はないのだろうか。

　目で見たものに手を伸ばす「リーチング」は約5ヵ月後に始まると長らく信じられていたが、バウアーにより誕生して間もなくの新生児にもリーチングが出現することが知られてきた。生まれたての新生児を対象に実験を行ったが、その中での観察では自然分娩で生まれた赤ん坊の方によく現れたという。自然分娩は自らの覚醒と頑張りが必要となり、その過程で外の世界に適応する準備もなされているようだ。これは次の授乳についても環境の違いとなって現れてくる。

　自発呼吸の次には吸啜反射や口唇探索反射がみられるが、これは食料の確保に生存がかかるすべての哺乳類の宿命である。へその尾が切られると同時に自分で栄養補給をしなければならないのである。このための他の能力も兼ね備えてくる。吸啜反射は胎児期にも見受けられすでに準備は整っていると思われる。生まれてすぐに新生児は口に触れるものを探し出し、吸い付き、力を込めて乳を飲む。大人は口から飲んでいるときには呼吸は止めているが、新生児は息を

したまま飲むことが可能である。気道と食道が別々に機能し、乳が気道に誤ってはいらないように防御機能が備わっているためである。しかしこの能力も成長とともに失っていく。3〜4ヵ月になると発声のため咽頭が下がり同時にはできなくなる。

聴力でも音素の聞き分けが大人より優れていることをメーラー（1986）などが研究結果から明らかにしている。カテゴリカル知覚においては「R」と「L」の発音を聞き分けているという。しかし、日本語においては「る」のカテゴリーのため不必要な能力として消えていくのである。これも日本語という言語環境で発達するため消えるものと思われる。

また、ヴェルトハイマーの実験により、音源定位についても生まれてすぐの新生児がどこから音が聞こえてくるのかを聞き分け、そちらを向く定位反応を示すことが明らかにされた。外界の音に反応しそちらを向くことは、母乳を与えられている新生児に反応が強く現れる。音の聞こえる方向に食料であるお乳が存在するからである。母親の声が聞こえるところに乳房があり、いつも同じ方向である。しかし、哺乳瓶で与えられている新生児は音源から自分の頭を逸らそうとする。新生児が聞こえる声は食料とは逆の方向である。乳をのむときの環境の違いが反応の違いにも現れている。この反応もどちらから聞こえていても食料が手に入ることがわかると、あまり必要でないと判断され反応は無くなる。しかしこの反応はU字型反応といわれ、必要とする環境が乳幼児で現れるとまた発達し始める。

他にも新生児では、原始反射が生存のために備わってきていると思われる。生物的反応であるがあたかも笑っているようにみえる自発的微笑である。周囲の大人がその微笑みの可愛さに無条件で夢中になるように「新生児微笑」としてプログラミングされている。生後3〜8週間は継続する。その後は刺激に反応をする外発的微笑が始まる。「社会的微笑」ともいわれ、社会の一員としての適応である。

次にモロー反射は生後すぐから4ヵ月くらいまで現れる。外部からの刺激に対して手足をビクッとさせ空を抱え込むような反応をするので、何かにしがみつきそうにみえる。これも、外界という環境に対する自己防衛の一つである。自らを守ろうとするばかりでなく、周りの大人にも守ってほしいとのメッセー

ジを出していると解釈できる。

把握反射も手のひらに刺激を受けるときゅっと握る反応をする。大人は小さな手に握りしめられると守ってもらいたい、頼りにしているとのメッセージを受け取るのである。

バビンスキー反射では、足の裏に刺激を受けると足指を広げてそらすような反応をする。

歩行反射は、体を支えられ立たされると足を交互に出して歩くような反応をする。このように歩くのだと周りに主張しているようにもみえ、将来のイメージを周りに与えるのである。

これらの原始反射は4、5ヵ月から1歳ころまでには消失する。周囲の大人たちが「守りたい」「育てたい」と強く思うような環境を無意識の中で作り上げるプログラムがしっかりとなされ発動するのだ。必要がなくなると捨てて次の発達へと向かう。

さらに、原始模倣と呼ばれるしぐさが生後2〜3週間でもみられる。生得的なものと考えられ、新生児が顔を認知する能力の高さがよくわかる現象である。また、とりわけ顔を好むという報告もあり「社会生活」という環境に必要な能力と考えられる。しかし、逆さまになった顔はよくわからなくなるが、他の物の逆さまには修正が加えられ認知できる。

これは脳の使い方が成人とは違い、皮質下の回路を使っているためであろう。顔認識の能力は成人より優れて猿と同じように見える顔の識別もできているという見解もある。この能力の最大は生後6ヵ月といわれ、この顔認識が優れることにより食料をもらう顔を間違いなく認識し、生存の可能性を広げられる。生存の可能性が高まると、この能力は消滅する。

言語の発達では原始的な叫喚に始まり、母音中心のクーイングによる、子音と母音の組み合わせによる喃語(なんご)が見られる。

## 3. 働きかけ・働きかけられる中で「環境」と共に「自分」も深め広げていく──乳児期の「環境」と発達

初期の養育において養育者との安定した関係が重要であるという理論が

1950年代より論議を呼んだ。経験や学習が人としての人格や職業を決めるのか、遺伝が大きく関わっているのか、環境次第で変わるのかの議論も昔からのテーマではある。どちらにしても一生の中で成長のスパークを迎える乳児期の環境は非常に重要になることは間違いない。

マズローの欲求階層理論に照らし合わせると、新生児時代は生理的欲求を満たすための原始反射に始まり、様々な反射を駆使することにより次の段階である安全が保障される環境を作ってきた。乳児期は愛情と所属の欲求段階である。このころには自分の体を自由にコントロールできる「体の主人公」になるべく発達を遂げる。

運動の発達は、頭部から尾部へ、中心部から抹消部へと一定の順番をもち、最後が足の発達の完成である。人間は未完のままで誕生した後に、まず頭を左右に動かし始め周りを確認する。次に胸を動かし、手を伸ばして物を触ったり握ったりできるようになるが、握るにも様々なものにふれる環境の中でより繊細な動きができるようになる。手のひらで握る、全体を指でつかむ、二本指でつまむ、三本指でつまむと発達する。

さらに、起き上がり一人で座れるようになると視界は格段に開ける。最後には足の発達で摑まり立ちから伝って歩き最後には人間の最大特徴の二足歩行が可能になる。ここで初めて他の哺乳類の産まれ立ての赤ちゃんと一緒のレベルになれるのだ。

親を安全基地と定めた乳幼児は愛情を得るために周囲へ働きかけよりよい環境を形成していく。そのためには他者との関わりも広げていく必要が出てくる。自分の感情や意思を表出することにより、自分にとって快適な環境を獲得することができる。

自分の体を意思の通りに動かすことのできる「体の主人公」になっていくのと同時に、「心の主人公」になるべく次の発達を遂げる。「心の主人公」とは自分の考えていることや感じたことを他の人に理解させ、自分の意思を伝え欲求にこたえてもらうことである。自分が何を見ているかを知らせるために「共同注意」と「三項関係」があげられる。三項関係とは「私」「あなた」「モノやこと」のことで、その中で指差し行動をするときの意味は次の二つがある。一つ目は質問や欲求の側面と大人の注意を引き付けるためで、一緒に見ようとする

のである。大人と自分の関係は家族の構成で、親以外にも養育してくれる人がいるか、自分に注目する兄、姉が何人いるかによっても表出の回数はかなり違う。こうしたボディーランゲージが伝わるのがわかると、次にはより効率的な言語での意思疎通が図られる。言葉の発達が必要不可欠になってくる。言語の発達では、複雑な構音の練習をしたり、発声自体を楽しむ娯楽的側面があったり、他者がいるときに発声する社会的側面が見受けられるなど、必要な訓練を自ら準備して発語につなげてくる。

　語彙の爆発的増加もこのころである。言葉を覚えるのが得意で1歳ころ（初語・一語発話）は月5語くらいであるのが、1歳半（二語発話）になると月30〜60語にまで増加する。この発達には環境からの情報も大いに利用しており、きょうだい関係や性別によっても違いが見受けられる。言語を用いての発信は、考えていることを口に出す外言により始まる。これは、後述するがピアジェの「前操作期」に見受けられる。「前操作期」後半から「具体的操作期」になると、外への表出以外にも心の中で言葉にして考える内言が出てくる。自分の中で思考をまとめることができると外界への働きかけもより複雑になってくる。思っていることと表出される表情との整合性がなくなることもあり、意識的にポーカーフェイス等の反対の表情をすることも可能になってくる。環境の操作を自ら始めるのである。

　対象の永続性が獲得されるのも、環境から受け取る経験が大きく影響する。目の前に置かれたお菓子を目の前で隠されていると存在しないと思う。隠したものは無くなっていないとわかるのは8ヵ月以降である。「いないいないばあっ！」等の遊びを通して周囲が関わることで、「隠したあとで見つけ出す」経験を繰り返す。見ている前で他の場所に隠したり、見ていないところで他の場所に隠したりしても、驚きや笑いなどの表情の表出により、隠されたことがわかるのは2歳以降である。目の前から消えたものでも存在しているという経験を積む環境を与えることにより獲得していく能力である。

　次の幼児期の環境と発達では、とりわけピアジェの発達区分に基づくならば、各発達段階における操作と、それに対応する世界像が形成されていくこととなる。このピアジェの「前操作期」等に着目については次章で触れたい。

（福岡真理子）

**資料**

ピアジュの発達段階

感覚運動期　　0～2歳（1～6段階にわかれる）
前操作期　　　2～7歳（2段階にわかれる）
具体的操作期　7～11歳（具体的なものがあればOK）
形式的操作期　11、12歳～（頭の中でもOK）

**参考文献**

新井邦二郎（1997）『図で分かる発達心理学』福村出版
バウアー，T.G.R.（1995）『賢い赤ちゃん――乳児期における学習』ミネルヴァ書房
ド・ボワソン＝バルディ，B.（2008）『赤ちゃんはコトバをどのように習得するか』藤原書店
箱崎幸恵・文、せきあやこ・絵（2008）『気持ちのキセキ』明石書店
林創（2016）『子どもの社会的な心の発達』金子書房
開一夫（2006）『日曜ピアジェ――赤ちゃん学のすすめ』岩波書店
池谷裕二（2017）『パパは脳科学者――子どもを育てる脳科学』クレヨンハウス
伊藤健次（2008）『保育に生かす教育心理学』みらい
片岡杏子（2016）『子どもは描きながら世界をつくる――エピソードで読む描画のはじまり』ミネルヴァ書房
加藤潔（2015）『発達が気になる子のステキを伸ばす「ことばがけ」』明石書店
川島一夫・渡辺弥生（2010）『図で理解する発達――新しい発達心理学への招待』福村出版
小西行郎（2017）『子どもの心の発達がわかる本――不思議な「心」のメカニズムが一目でわかる』講談社
厚生労働省（2017）『保育所保育指針』フレーベル館
内閣府、文部科学省、厚生労働省（2018）『幼保連携型認定こども園――教育・保育要領解説』フレーベル館
日本子ども学会編『保育の質と子どもの発達』赤ちゃんとママ社

文部科学省（2017）『幼稚園教育要領』フレーベル館
向田久美子・石井正子（2010）『新乳幼児発達心理学』福村出版
荻原はるみ（1996）『乳・幼児の発達心理学』保育出版社
清水由紀・林創（2012）『他者とかかわる心の発達心理学』金子書房
杉村伸一郎（2015a）『保育の心理学Ⅰ』中央法規出版
杉村伸一郎（2015b）『保育の心理学Ⅱ』中央法規出版
高村和代他（2009）『保育のためのやさしい教育心理学』ナカニシヤ出版

# 第4章 幼児期における、自分と環境との向きあい

## 1. 発達過程での、自分の思い・想いのズレとの向きあい

　幼児期の発達過程において、二つの局面に着目する。
　自分と働きかけと環境像との相互進行において、エリクソンに表現されているような自分との対峙や乗り越えが発達の原動力の一つであると考える。抽象的な概念にこだわらずに、自分の思いや想いとのズレや葛藤として、働きかけを具体的な操作等の検討しうる内容として、例えばピアジェは、働きかけ・操作によって捉える像を「自分の思いや想いとのズレや葛藤」として捉える段階があり、自分との対峙について、抽象的な概念にこだわらず、具体的な操作等が検討しうる内容として考察している。
　発達段階における働きかけの局限性から、世界像においては、
①自己の働きかけの局限性があり、その深化に応じてのズレ・葛藤・マチガイがありうる。
　また自分とは異なるアプローチの仕方もありうるし、
②自分とは異なる他からの環境への働きかけの多様性・異質性があり、それらの練り合わせという課題がある。

　働きかける手段に応じて、環境としての世界探査行為があり、またそこから創出される世界像がある。この探査においては、自己と環境像との葛藤等があり、その克服過程として相互の深化過程が存在する。

学びの側の世界像の広がりを捉えた状態を踏まえて、教えが対峙されるのであり、その考察を行わないで教えを提示しても、空回りすることになる。また、教えの内容も機械的に手順を提示するのではなく、学びを深め対峙を支援する教育内容の検討が課題となる。自らの学びの発達段階における課題として、最終的には自らが頭の中に整理して構成しなければ、それはただ単なる教え込みでしかなくなる。この自己対峙を支援することが教育課題となっていく。

## 2．発達段階に対応するズレ・葛藤・マチガイ・誤謬等のそれぞれの深化

### (1) 幼児から児童・生徒への発達をズレ・葛藤・誤謬から考える

　乳児・幼児さらには児童・生徒、さらには大人へと、この葛藤等が各位相で捉えられていくことを提起したい。ここでは、とりわけつまずき・葛藤に着目して考える。

　乳児期に関しては、感覚器・手等と脳との連携による空間認知の広がりの中での世界像が構築されていくが、幼児期については、働きかけの操作に限定してではあるが、ピアジェは体系的な展開には至らない段階での「前操作期」に着目している。

　働きかけの不十分さから、自分の思い・想いとのズレが生ずる環境像が現れてくる。この働きかけによる世界像構成としては、その働き・操作に着目して、認知発達の科学的発生過程に着目したのが「前操作期」である。詳しい解説は多数、出版されている[1]。

　ピアジェの「前操作期」では、その部分的・一時的・局所的な視点からの世界の像の構成があり、その捉える範囲内での納得できる論理展開があり、その発生的段階に着目した意義は大きい。

　また児童段階では子どもが捉えた「科学」像である『子どもの科学』等がある。これには、子どもが生活感覚から構成された科学像や法則像があり、働きかけによる環境像として、必然的に働きかけの局限性からくるズレ・マチガイ・想いとの乖離・誤謬等がある[2]。

　子どもなりの論理から類推される像は、マチガイとして断定することは不適

切で、誤謬・マチガイの論理的背景があり、自己の意思の環境像と現実とのズレとして捉え、読み解いていく必要がある。

　ここでは、特に想いとのズレや、働きかけによるものづくり等の予想外の結果を生み出し、間違いを直していく過程にこそ意味がある。

　誤謬・マチガイは回避すべきと考えられがちだが、働きかけの局限性からすると、錯誤の生成は必然的な面も有しており、回避するのではなく、それと向かいあい、直していくことにこそ意味がある。このズレとの対峙をどのように演出し、向かいあうことを組み、環境を設定するのかという教育の課題がある。

　ここでの働きかけの局限性に規定されるズレ・マチガイ・想いとの乖離・誤謬像には、大枠のスケッチだが、個々の発達過程がある。自分の想いとのズレから始まり、さらには体系的な論理的な誤謬の像として現れてくることもある。

### (2) マチガイという点から、発達段階の位相を捉える

(2)—① １歳以上及び３歳未満児

　《思い通りにいかないことのズレが生じ、自分で何かをしようとする気持ちが旺盛になる時期であることを鑑み、そのような子どもの気持ちを尊重し、応答的に関わり、適切な援助を行うようにすること》（幼稚園教育要領）が重要である。

　また、思い通りにいかない場合等の子どもの不安定な感情の表出については、保育者等が受容的に受け止めるとともに、そうした気持ちから立ち直る経験や感情をコントロールすることへとつなげていけるように援助することが課題となる。

　ここでは"受容的"に着目することが重要である。乳児は相手の目から表情を読み取る能力をもっているといわれている。このことから、目を介して意思疎通することの意味は大きい。顔の表情を読むことの重要性があることになる。

(2)—② ３歳以上児：幼児期の特性を生かした「環境」の捉え方

　３歳以上児では、ズレや葛藤はマチガイとして現れる。「幼児期の終わりまでに育ってほしい姿」を踏まえての小学校以降でのマチガイは、生活感覚からの類推に基づく「子どもなりの世界像」の展開として現れ、誤謬は認識体系上

での位置づけとなっていく。

　幼児期での働きかけの特性は部分的・一時的・局所的な操作の不完全に基づく。世界への働きかけ、とりわけ操作に着目したピアジェは、「前操作期」として働きかけの体系の不完全性に着目している。不完全であるが故の環境像が生成される。その操作は、部分的・一時的・局所的である。その一瞬における判断で状況を把握するために生成過程に着目する以上、保存等が成立しないことは当然で、誤謬として捉えるのでなく、発達段階における捉え方として考察していく必要がある。

　「前操作期」においては、その瞬間における判断として、全体的・全時的・視点変換にまで到達しない段階が位置づけられる。例えば・高さによる水量の大小判断、広がり・つまり具合による数の多少判断、粘土の形の変化による重さと長さ、量の多少判断、自分の視点から世界像判断の空間認知としての"三山問題"として、視点の変換という自分ではない、見えている視点・範囲内の類推という展開などである。

　ピアジェでは、特に数の概念の考察や、量の概念の形成過程において、発生的認識論として考察されている(3)。

　また、これらの考えは体験的働きかけを踏まえて小学校・低学年の生活科へとつながり、さらには、働きかけは体系的な像へとリンクしていくこととなる。

　現実世界から、量を抽出する時には、例えば長さなどは比較するという行為から量が規定されていく。数量は現実とは無関係のように思われがちだが、生活から日常と関わる事柄から、比較するなどの行為を選び出して発生するものである。

　同様に、数に関しても、計算手順法や順序としての数詞から数概念が理解されていくものではない。生活との関わりの中で捉えいく必要がある。

　ピアジェは自然科学・数学の論理構造を群論的考察に基づき、それは働きかけの論理とも通ずるものとしている。「子どもにおける物理学的あるいは物理数的観念の出現順序が、それらの年代的・歴史的順序に対応するのではなく、反対に根本的なものから派生的なものへという論理的順序に対応することが多い」という魅力的な仮説を提起している(4)。

　何をもって"根本"とするのかは、科学等の発展を考えると特定は難しいが、

働きかけの操作体系の構造に着目して、その発生過程を考察するという、構造の論理に着目するという視点は示唆的である。ピアジェの最終的な集大成に相当する『精神世界と科学史』においては、力学・代数学・幾何学等の領域を扱っていて、代数学・幾何学について群論の構造を背景にもつ領域にも着目している。

幾何学も群論的考察に基づく仮説を出しているが、力学史の考察を踏まえて、物理に関して、相対論的な視点は時間概念に関しても示唆を与えている。

ただ、発生的段階の「前操作期」への着目は意味深いが、科学的な具体的な概念に即した上で「具体的」「形式的」の内容を考察していくには、さらなる展開が必要となるだろう。

(2)―③小学生の『子どもの科学』としての「環境」の捉え方

小学校でのその後の展開では、ズレ・葛藤は体系的な世界観・世界像としてマチガイ・誤謬となり、そこでの支援・教育が新たに発展していく。

児童期の生活体験から類推される自分が捉えた範囲内における「構成」（構成主義に通ずる）が環境像に位置づけられていく。

その典型例としては、児童期における生活感覚に基づく『子どもの科学』等が論じられている。ここでの『子どもの科学』とは、子どもにレベルを下げての科学展開ではなく、子どもが捉えた「科学」像である。

例えば、電気の回路を考える場合に衝突で光るという説として、電池からプラスの電気と、マイナスの電気が流れ出て、衝突して電球が光るなどが論じられている。[5]

生活感覚からの『子どもの科学』像で、自分の考えるイメージとの自己対峙を演出するために、教える側の"問い"として提示していくこととなる。問いは形式的には教える側からの学びへの問いであるが、本来ならば、自らと葛藤するための問いを代わって教える側が支援することとなる。

(2)―④中学校以降の生徒期における認識の論理に基づく機械的延長から誤謬像へ

生徒期になると、論理的な把握の延長から生ずる誤謬像が体系として現れるようになる。『子どもたちはいかに科学理論を構成するか』という課題となる。

それは例えば、中学・高校での生徒期の特定の認識段階に応じた体系から見た世界像・誤謬として現れる。その典型例としては、力学等の慣性概念に現れている。慣性に関する等速直線運動に関する落下の方向など、多くの誤謬の例が出されているが、慣性という概念の考察なくしてただ単なる法則手順だけでは、納得を生み出す説明はできない。

　例えば太陽が動く天動説と地球が動く地動説に関しても、現代的な視点からすると簡単にマチガイとして整理されているように思われがちだが、科学史上では2000年前のプトレマイオスにおいては、地球の大きさがわかっていたので、自転すると仮定すると［予測］：飛んでいる鳥は逆に流される、雲も同様に、また風がビュービューと吹き荒れる――そのような観察結果はないので、故に地動説は却下されるとする。それが是正されるのは、1千数百年後のガリレオ、ニュートンまで待たねばならない。現代的視点から見ると当たり前のように見えるが、慣性概念は含んでいない弱点はあるものの、故に天動説を考えることをマチガイとして一蹴することは避けたい[6]。そこには納得を生み出す論理があるのである。

　誤謬との関わりは、その是正行為まで含めて"科学する"ことに意味を考えると、発達段階の全体を貫いているとみることも可能である[7]。

## （3）自分と向かいあうことへの支援

　発達段階における自己対峙として向かいあい、その軋轢が自己の発展の原動力となる。最終的には自らが解決し、前進していかなければ、外からの借り物でしかない。

　自己と自己の環境像との対峙と自己内部での克服が必要だが、それを支援する教育行為が意味を成してくる。

　支援においては、重要なことは、何をどのように読み解くかである。

　マチガイとしての理解以外でも、例えば1／2と1／3の足し算を2／5とするなどの算数等が紹介されることが多いが、そこには、そのように考える納得の根拠と論理があることを理解しておく必要がある[8]。

　とりわけ幼児期においては、マチガイは、モノづくりや遊び等においての思いや想いから乖離・ズレとして現れてくる。思い・想い・挑戦は導入段階での

動機付けの意味がある。

　乖離をモノづくりや遊びを介しての思い・想いの実現に向けて試行錯誤して修正していき、これを遊びとして支援していく場を設定することが重要である。

　ここでの重要な要素は試行錯誤等の試みによるうまくいかないこととの対峙で、難しすぎても易しすぎても発達と結びつかない。

　小学校においては、その対峙支援としての教育においては、例えば「問い」がある。この問いは最終的には自らの問いであり、それを代わって「問うてやる」ことが教育の支援ということになる。[(9)]

　教育行為の意味を整理すると次のようになる。
　①読み取り⇒働きかけに応じての環・世界像の読み取り
　②よりそう⇒その段階における世界像の判断の構造・論理性を捉える
　　世界像からの自己の納得の論理・認知過程に即して
　③支援する・発展を促進する⇒自己対峙支援としての教育行為へと

　働きかけての環境像の一面性において、科学的概念の法則理解においては、ズレ・葛藤・マチガイ・誤謬等の生成という形となる。その科学的概念の法則性のチェックにおいて、自己対峙を問い直すという課題が現れる。この認知的特性においては、ピアジェの「前操作期」においては、働きかけの体系の不完全性に基づく認知段階に対応するマチガイがあり、自然科学的背景や数学の論理に基づく展開からは誤謬として位置づけられる。ここでは軌道修正・試行錯誤による是正として、対峙による、より科学的な概念形成へ認知を深めるためには、"科学する"ことの重要性がある。

　この場合、ズレ・葛藤・マチガイ・誤謬を位置付けるだけでは不適切で、働きかけによる世界像としての認識として組み込み、切り取っていく。そこにはそれなりの納得の展開の論理が存在する。

　マチガイだからといって、正解とされるものを機械的手順として繰り返し、学びを深めて訓練するということではない。まずはそのように考えたことを踏まえて、しかし、それが実際とあわなくなることに気づくなど、自らと対峙することが重要である。ここでは、自己との対峙が重要で、自分なりの納得の論

理を構成していくことによって理解が深まっていくものであり、他者からの正答の提示ではやがては剥落してしまう。

とりわけ乳幼児においては、乳児における手足・感覚等、さらには次の発展段階としての人との関わりや言葉等における環境の捉え方が礎となる。幼児期では加えて認知的側面が加わる。小学校の生活科が幼児期と小学校との接続とするならば、同様にして2歳児頃の3歳以上児における認知的側面での接続が考えられる。とりわけ認定こども園を考える場合には、これらの環境把握の認知での接続を意識していく必要がある。

## 3. 異なる・多様とを練り合わせる

働きかけによる世界の像の形成では、多様な像の形成がありうる。ここで①高齢者や、②特別な配慮を必要とする幼児への指導、③海外から帰国した幼児や生活に必要な日本語の習得に困難のある幼児の幼稚園生活への適応、という3つの点が挙げられる。

ここでは、特に、言葉によらない表現や、言葉を利用しても表現の多様性があることに着目したい。

### (1) 言葉によらない非言語コミュニケーションへの着目

乳幼児は、言葉無しでも手足・顔を用いて総合的に表現している。

顔・手足表現を読むことは、乳幼児の世界の一端を理解していくことの一つの手段となる。乳児が大人の顔の目の動きから読み取るということが話題となっているが、目への着目は大きい。少女漫画の目が大きい理由も、乳幼児の目の大きさの比率に関係しているといわれている。子どもの"表現"から読むことは課題になり、その非言語の方法は多彩である。

この多様な方法でのコミュニケーション・メッセージとして、乳幼児の表現を読む課題は、乳幼児だけには限定されない。外国人のみならず、障がい者の場合も、高齢者の場合も、重要な課題となるだろう。子どもなりの表現において、言葉を利用しない動作や顔等の非言語コミュニケーションも課題となる。

例えば、外国人と交流する場合の基本は、言葉無しでも伝えたいことからの

出発である。例えばサイン・手足利用もあるし、言葉にも重なる部分があるが、手話等においてもサイン的要素も含んでいる。

**言葉を利用しない表現に着目する**

・日常生活上でのトイレ・避難経路等のマークに着目。さらに記号の意味だけでなく行為を含めたジェスチャーゲームに着目。

①一定時間内にジェスチャーの意味内容を答えて競い合う。

二つのグループに分かれて、題材を初めに決めてジェスチャーを一方が行い、他方が解くが、ここでは二つの要素に着目する。

一つは、手足だけで（顔を隠して）、他方は顔だけで（手を後ろに組んで）考える。

②ジブリの作品に依拠して

カオナシ⇒顔の表情を読めないようにして手足の動きで（特に手）

カオダケ⇒手を後ろに組んで顔の表情だけで

手足だけでも表現しやすいことがあり、行動・動作がつきまとう、しかし手足だけでは表現しづらいこともある。

顔だけでも表現しやすいことがあるが、顔だけでは行動・動作を含まないために、表現しづらいこともある。

これらをフルに利用してコミュニケーションを行っている(10)。

### （2）言葉による世界の切り取り方の多様性

言葉として《経験したことや考えたことなどを自分なりの言葉で表現し、相手の話す言葉を聞こうとする意欲や態度を育て、言葉に対する感覚や言葉で表現する力を養う》（幼稚園教育要領）ことがいわれている。

働きかけによる世界像ということからすると、表現としての言葉が生活・世界を切り取るという視点がある。言葉の表現では、自分の生活や考え方に基づいて"目に見える事象"を表現し、言葉で環境から切り取る行為があり表現される。

日常生活での体験等からの表現で、働きかけに応じての世界像の言葉等の表現においては多様性と異質性がある。

　例えば、色表現においても虹は7色である必要はなく、生活に関わる色感覚に基づいて選定されている。必要な場合には多彩な表現が、不必要な場合にはシンプルになるなど、生活条件を反映している。日本国内においても地方の例えば雪の表現には多彩さがある(11)。

　外国との関わりでは、動物の鳴き声の多様性（聴覚・発声）において、動物そのものの鳴き声は同じだが、どのように認知・表現するのかの差異がある。例えば動物の鳴き声の表現の差異においても、動物の鳴き声に差異はないが、生活・文化の反映としての音の切り取り、何を聞き取るのかによって、耳の音の捉える性質も変化することとなる。

　言葉が多様であること、また、世界を言葉でどう切り取るかにはその人たちの生活が関わっていることがある。言葉は、世界中で一様ではなく、翻訳こそできても、必ずしもイコールにはならない(12)。

　乳幼児の言葉表現には、このような背景を踏まえての指導援助が必要となるだろう。幼児の標識表現も、何をもって表現するかは多様性があって当たり前ではないこととなる。

　例えば小学校ではローマ字として扱っていくことになるが、歴史的にもアルファベットは、そもそもは象形文字としてあったが、やがては異なる民族との接触で意味を失い表音文字になっていく。しかし、アルファベットの最初のAを表していたウシは遊牧民にとって最も重要な役割をもっていたことが文字の最初になっており、生活を反映していることがわかる。同様に、星座でも生活の反映としての意味があり、ギリシャ神話よりも以前の遊牧民の生活を反映している面がある。4月の牡羊座もヒツジが生まれる月のメモリーとしての意味が背景にある。目的に応じての点の結び方にイメージに何を読み取るか。生活に必要な情報を読み取ることであり、星座に生活の暦を読むこととなる。

　アイヌの人たちの生活との関わりの中での星座がある。ウポポは北斗七星だが、北極の周りをまわって踊ると表現とされている。自分たちの伝統の輪踊りを投影して表現していることには、他ではない多彩さがあることになる。

　表現を伝え合う時など、単一化・統一化の表現には良い点もあるが、独特の

感性を失っていく弱点もありうることに着目しておく必要がある。


### (3) "多様・異なる"との練り合わせを支援する教育

　ここで重要なことは、言葉で世界を切り取るということであり、対象となりうる環・世界像（対象となりうる範囲内）を客体として抽出する。

　また、社会的文化的背景を踏まえての語りかける行為のレベルに規定されて、例えば必要のない状況においては、言葉はシンプルになるし、不必要なことはスリムに（海の色表現において生活に応じての関わりが多ければ多様で、必要がなければ単純化するなど）になる。逆に必要な場合には、環境世界の言葉表現での切り取りでは細やかに豊かな表現へ（例：北海道の雪表現）となっていく。[13]

　生活感覚に合わせての多様な表現は、一方で均一化・単調化すると貧しい表現へと陥っていくことになる。環境によっては左右がない言葉も存在している。特殊な言語ではなく、不必要で左右が逆に不適切になるのである（ちなみに彼らは崖の縁に住んでいる[14]）。

　言葉の多様性や表現の多様性について、統一化してしまう問題があると思われる。それぞれの特性を生かしつつ、接続する部分があって、新たな発展を生み出す可能性がある。言葉での表現の多様性の維持、生活感覚に合わせての多様な表現がありうることが必要で、均一化では貧しい表現に陥ってしまう。

①ここでの多様・異質とは、多様であるが故の多様な視点からみた環境像があり、環境像のいろいろな角度からの接近があることとなる。例えば興味・関心に応じて視角は異なる。また、異質であるが故の異なる視点から見た環境像がある。

　　また、環境への働きかけの多様性と異質性から、自分だけでなく、他の思い・想いも現れる。その"異なる"との出会いを練り合わせるという課題が生ずる。例えば友達、男の子・女の子、外国の人において、また高齢者等に関わることなどの"異なる"との出会いを演出することが課題となる。

②"異なる"との出会いを演出することとして、異なる論理を位置づけるこ

とによって、自らの視点の問い直しと、視点変換するという課題が生ずる。異なる世界像としての位置づけ直しを行うことにおいて、そのように考える根拠・背景があることを問うことになる。

　それによって"異なる"と接することによって、自己を問い直すこととなる。

③この"異なる"との出会いを演出するための一つの方法としては、遊びを介しての試行錯誤がある。<sup>(13)</sup>

　遊びを実現するためには個人から集団へという課題となっていく。このときには自己の幅を広げることによって、変化が要求されるときにも応対が可能となる。そのためには、既存の習得を踏まえた上でも、それを踏まえた上で挑戦としての遊び・チャレンジもありうるし、挑戦・試行錯誤としての遊びでは、失敗からの出発ともなる。<sup>(15)</sup>

（倉賀野志郎）

**注**

(1) ピアジェでは働きかけの『操作』に着目しての展開となっている。働きかけの特性を反映しての世界像や法則像となるが、とりわけ『前操作期』の過渡期の発生的過程への着目は意義深い。多数の本が出版されているが、とりわけ操作の『構造』に着目したい。ピアジェ，J.（1970）『構造主義』白水社

(2) オズボーン，R. 他（1988）『子ども達はいかに科学理論を構成するか――理科の学習論』東洋館。世界像を"構成する"という視点から考察している。

(3) ピアジェ，J.、シェミンスカ，A.（1992）『数の発達心理学』国土社。ピアジェ，J.（1975）『発生的認識論序説・第一巻・数学思想』三省堂

(4) ピアジェ，J. 他（1996）『精神発生と科学史』新評論

(5) ドライヴァー，R. 他（1993）『子ども達の自然理解と理科授業』東洋館

(6) 科学史上での誤謬は事例が多い。大野陽朗監修（1979）『異端の科学史』北大図書刊行会

(7) 板倉聖宣は早い段階から「誤謬論」に着目している。板倉聖宣（1969）『科学と方法』季節社

(8) ポザマンティエ，A.S.、レーマン，I.（2015）『数学まちがい大全集――誰もがみんなしくじっている』化学同人

(9) 安藤豊（1996）『社会科授業の改革 15 の提案――授業における発問の機能の自覚

化を』明治図書
(10) 大坊郁夫（1998）『しぐさのコミュニケーション——人はしたしみをどう伝えるか』サイエンス社
(11) 福井勝義（1991）『認識と文化——色と模様の民族誌』東京大学出版会
(12) サンダース，E.F.（2016）『翻訳できない世界のことば』創元社
(13) "異なる"を練り合わせることを異なる年齢集団の果たす役割に着目したい。日本では複学年の構成、へき地・小規模校に象徴されるように、やむを得ない状況での選定もあるが、外国では、より積極的に複学年を選定しているケースが存在している。例えばアラスカ・フェアバンクスでは、公立ではあるが、小学校・中学校が一貫して3学年単位でクラスが構成されている（モンテッソーリ学校）。またフィンランド・イナリ小・中学校においても少数民族対応（サーミ人）ではあるが臨機応変に学年が複学年として構成されている。これらは、より積極的な意味を込めて構成されているケースともいえる。しかし、幼児教育分野では異年齢集団の構成は多くはないようである。より上位の年齢の幼児が下位の年齢に接することには意味がある。上位では自己の問い直しを深める機会ともなるし、また、下位では、あらたな発展の課題を見出すこととなる。この相互の作用は発展をより促進する重要な要素である。
(14) 井上京子（1998）『もし右や左がなかったら——言語人類学への招待』大修館
(15) 石井敏他（1987）『異文化コミュニケーション——新国際人の条件』有斐閣選書。とりわけ教育という視点からの考察もある。青木順子（1999）『異文化コミュニケーション教育——他者とコミュニケーションを考える教育』渓水社。生物的な領域に限定されるが生物多様性の重要性が指摘されている。無駄とも思える多様性の存在が、環境変動に対応する能力を強化することになり、新たな発展の原動力ともなる。例えば生物多様性については岩槻邦男（1999）『生命系・生物多様性の新しい考え』岩波書店。

# 第Ⅱ部
# 自己と親からみた環境

　第Ⅰ部において、環境を、働きかけ・働きかけられる中での環境像として捉えたが、この第Ⅱ部では、その視点の対象を人にして着目したい。幼児教育における人的環境の重要性は、幼稚園教育要領、保育所保育指針、幼保連携型認定こども園教育・保育要領の領域「人間関係」で「他の人々と親しみ、支え合って生活するために、自立心を育て、人と関わる力を養う」ことが目指されていることからも裏付けられる。そこでは、他の人々との関係として、先生や友達、地域の人との関係が入れられている。保育所保育指針の乳児保育、社会的発達に関する視点「身近な人と気持ちが通じ合う」でも、人と関わる力の基礎を培うことが目指される。
　第5章は、子どもをめぐる社会問題を、自己からみた環境として考察する。第6章は、子どもを養育する親からみた環境を支援する在り方について、教育相談、子育て支援の観点から明らかにする。

# 第5章　自己からみた環境
## ——子どもをめぐる社会問題

　社会とは何だろうか。『広辞苑』によると、①人間が集まって共同生活を営む際に、人々の関係の総体が一つの輪郭をもって現れる場合のその集団、②同類の仲間、③世の中、世間、④社会科の略とされる。このうち、注目すべきは①である。もともと社会という言葉は、明治のはじめ、"society"という言葉を翻訳するために新しくつくられた言葉である。西洋では、"society"は権利において平等な、しかし異質な価値観をもった市民たちが、それぞれに全体への責任をもって参加する共同生活の場と捉えられてきた。福沢諭吉は「人間交際」と訳すことを提案したが、そのエッセンスは人間たちが身分の上下なく意見をかわし、冗談を言い合い、娯楽を楽しむ姿であった（森下, 2000）。

　社会学では、社会を人間と人間との関係と捉える。具体的には次のように定義される。

> 「ある場所に複数の人びとが集まって関係を結び、いろいろなやりとりをするなかで、その関係が一定のパターンをもち長期的に続くようになったとき、そこには社会がある」（浅野, 2002, p.18）

　幼児にとっては、家族や親族、住んでいる地域、幼稚園・保育所、習い事の教室、はては日本社会という時の「日本」などが社会といえるだろう。しかし、社会学の興味深さは自己にも社会的なまなざしを向けることである。幼児期は、人間が社会環境に適応していく過程である社会化の内部で、人間が一個の人格

となる過程である個性化が生み出され、最初に人格としての統合がなされる時期である[(1)]（中島，2001）。そこで、自己に対する社会学的な観点を出発点に、子どもをめぐる社会問題を明らかにする。

## 1. 低い自己肯定感・自尊感情

### (1) 現況

日本の子どもは自己肯定感、自尊感情が低いと指摘されている。「我が国と諸外国の若者（13～29歳）の意識に関する調査」（平成25年度）によると、日本、韓国、アメリカ、イギリス、ドイツ、フランス、スウェーデンの7ヵ国中、「自分自身に満足している」45.8％、「自分には長所がある」68.9％と、いずれも最も低い割合である。「高校生の生活と意識に関する調査報告書——日本・米国・中国・韓国の比較」（平成27年）においても、日本、アメリカ、韓国、中国の4ヵ国中、「私は人並みの能力がある」「自分は、体力は自信がある」「自分は、勉強は得意な方だ」「自分の希望は叶うと思う」という問いに対して、「とてもそう思う」「まあそう思う」という回答が最も低い。一方、「自分はダメな人間だと思うことがある」の問いに対して、「とてもそう思う」「まあそう思う」という回答をした者の割合が高く、米中韓を大きく上回る。

文部科学省は平成27年、「自尊感情」という言葉が、米国の心理学で注目されてきた、自己に肯定的な評価を抱いている状態を表す"self-esteem"の日本語訳であること、日本では子どもの規範意識の重要性も強調されてきたことに鑑み、自尊感情よりも相手の存在なしには成り立たない自己有用感を醸成すべきだと啓発するリーフレットを作成している（生徒指導・進路指導研究センター，2015）。平成28年11月、第1回教育再生実行会議専門調査会でも、「自尊感情」という言葉はアメリカの概念や仮説からの「直輸入」であることが指摘され、自由競争・自己責任といった個人主義的発想が乏しい日本では自分本位な「自尊感情」が問題を引き起こす場面も散見されるとし、「自己有用感」から「自己肯定感」を育てることを提起する。

自尊感情を相手の存在を必要とする概念とする捉え方もみられる。伊藤美奈子は自尊感情を「自分のできることできないことなどすべての要素を包括した

意味での『自分』を、他者との関わり合いを通して、かけがえのない存在、価値ある存在としてとらえる気持ち」（伊藤美奈子，2017，p.12）と定義する。自尊感情は狭義の自尊感情である「自己評価・自己受容」、他者との関わり合いに関係する「関係の中での自己」、自己の強さに関係する「自己主張・自己決定」３つの要素からなり、それぞれのバランスが大切であることを述べる。自尊感情の高さは学校適応と相関が高く、家庭環境、特に親から愛されている、理解されているという感覚をもてているかどうかも大きな関連がみられる。また、発達による変化があり、思春期から青年期の前半に自尊感情が低下する。

「自己主張・自己決定」について、佐藤（2010）は大人が自己主張を肯定的に捉えているか否かの違いにより、イギリスの子どもが日本の子どもに比べて自己主張すること、小学生の自己主張と自己肯定感に強い相関がみられること、男児と女児を比較すると、男児が女児より自己主張の発達が著しく、自尊心が高いことを明らかにする。

古荘（2010）も小学生・中学生版 QOL 尺度の下位領域として自尊感情の結果を分析し、学年が上がるにつれ、QOL 得点、自尊感情得点が低下すること、全ての学年で女子が男子よりも低かったこと、オランダの子どもと比較すると、オランダの子ども、オランダの日本人学校の子ども、日本の子どもの順に自尊感情得点が下がることを明らかにする。

### （2）他者との関係からつくられる自己

先に指摘したように、文部科学省では自尊感情を相手の存在を必要としない概念と捉えるのに対し、社会学では自己そのものが他者との関係からつくられると捉えられてきた。クーリーは、「鏡に映った自己」（looking-glass self）という言葉で、自己意識や自己イメージは、社会の中で、他の人たちとの相互作用を通じて後天的に形成されることを説明した。クーリーによると、自己は以下の３つの要素から形成される。

・他者が自分をどのように認識しているかについての想像
・他者が自分をどのように評価しているかについての想像
・それに対して自分が感じるプライドや屈辱などの自己感情

他者は自分を映し出す鏡であり、他者の反応や評価が自分の姿を映し出す鏡として働き、その鏡の中の像が自己イメージの形成に大きな影響を与える（井上，1988）。
　クーリーを受けて、ミードは他者の視点を取り込んだ自己を「客我」（me）と呼び、客我のまなざしを浴びながら行動する自己を「主我」（I）と呼ぶ。「他者の態度を取得する個人の能力のおかげで、個人は自己意識を獲得するのである」（ミード，1995，p.216）と述べるように、自己意識は他者の態度を反映したものとみなされる。ミードによると、「客我」は行為自体の中で与えられる義務に私たちが応じる限りで、ある種の「主我」を要求するが、「主我」は常に、状況自体が要求するものとは異なった何かである。
　クーリー、ミードのような自己の捉え方を受けて、小川は次のように述べる。

　　「現在の自分は、これまで出会ってきた他者とのコミュニケーションを通じて形成されたものです。私たちは、日々、当たり前のように他者とコミュニケーションを行っていますが、そこには自己と他者とのコミュニケーションと自己と自己とのコミュニケーションが含意されています」（小川祐貴子「自我と他者のコミュニケーション」宇都宮恭子『やわらかアカデミズム・〈わかる〉シリーズ　よくわかる社会学』ミネルヴァ書房、p.107）

　宮台（2013）も自尊心、自己価値を「尊厳」と呼び、そこに他者が介在するメカニズムを明らかにする。選択肢を知っていて、選ぶことを妨げるものがなく、選ぶ能力があるという意味での「自由」であるためには、「尊厳」が必要である、「尊厳」は他者から「承認」される経験を必要とする。
　「(1) 現況」で述べたように、「自尊心」という言葉の使用を避ける中で、「自己肯定感」という言葉も使われている。自己肯定感とは自分の価値や存在を肯定的に捉える感情を指す。
　榎本（2010）は、自己肯定感情を自己評価と捉え、クーリーの「鏡に映った自己」にインプリケーションを受け、自己肯定感の形成要因として、①他者から与えられた評価や評価的態度、②他者との比較、③実際の成功・失敗体験、

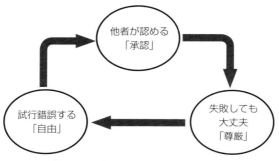

**図1 「自由」・「尊厳」・「承認」のメカニズム**
(宮台 2013, p.25)

④理想とする自己像との比較、の4つの要因を指摘する。そして、他者との比較は小学校に上がるころから、理想とする自己像との比較は思春期くらいからなされるようになると述べる。他者から与えられた評価や評価態度、実際の成功・失敗体験は幼児期からなされるだろう。他者から受け入れられている、あるいは他者と良好な関係をもっているという感覚が自己肯定感だと捉える理論が比較的最近登場していることを踏まえると(遠藤, 2010)、他者から与えられた評価や評価態度のもつ意味は大きい。

## 2. 親子関係

伊藤美奈子が自尊感情と家庭環境との関係を指摘したように、親子関係と自尊感情は関係している。自尊感情に影響を与える要因は、社会階層、人種、宗教などよりも、母子関係の緊密さ、両親の受容的態度、両親による一貫したしつけ、子どもの意見を尊重する態度、子どもの独立性を尊重する態度など、両親から関心を向けられ、良好な関わりをもつことの方が大きい(古荘, 2010)。

### (1) 児童虐待

親子関係の「問題」としてしばしば指摘されるのが児童虐待である。保育士養成に必要な子ども家庭福祉論、社会的養護、子ども家庭支援論といった授業でも触れられなければならない内容である。

(1)—①現況

　平成 29 年度、全国の児童相談所が対応した児童虐待の件数は 133,778 件（速報値）である。心理的虐待が 72,197 件と半数以上を占め、身体的虐待 33,223 件、ネグレクト 26,818 件、性的虐待 1,540 件と続く。

　児童虐待による死亡例でよく耳にする声に、「しつけのつもりだった」がある。川崎（2006）は、「しつけ」は子育てに必要なもの、自立を促すもの、人権を尊重するもの、「児童虐待」は禁じられたもの、自立を阻害するもの、人権を侵害するものと、本来は交わるものではないが、「体罰」というカードが入ってくると、「しつけ」と「児童虐待」の区別はわかりにくくなると述べる。

　本校の学生も、「児童虐待としつけは同じなのか、違うのか。違うとしたら、どこが違うのか」という問いを投げかけると、「違う」という学生であっても、「程度や回数の問題」「親が感情的に子どもに対応したら児童虐待、理性的に対応したらしつけ」などといった回答が多い。「程度や回数」という基準にしても、どこからが「児童虐待」なのか、明確に答えられる学生はいない。このように、境界は曖昧である。児童虐待防止法第十四条「児童の親権を行う者は、児童のしつけに際して、その適切な行使に配慮しなければならない」は、監護・教育に必要な範囲を超えて児童を懲戒してはならないことと解されているが、「必要な範囲」は明確ではない。

(1)—②自己形成からみた児童虐待の問題と学校における児童虐待への対応

　児童虐待は、子どもにトラウマを与え、PTSD 症状などを中心に、様々な心理・行動上の特徴を引き起こす。その特徴の一つとして、虐待を受けてきた子どもは、一般に自己評価が低いこと、「どうせ自分が悪いんだろ」「俺は悪い子だから」等、自己に対する価値観を見いだせないような言動をすること、すなわち、自己概念の障害をもつことがよくある（大迫，2006）。菅（2010）はカウンセリングに関わってきた経験から、「自分には生きる権利が無条件に備わっている」と感じられない人がたいてい、「お前なんか生まれてこなければよかったのに」といった否定的な言葉を繰り返し投げつけられた記憶を有していることを明らかにする。

### 表1 児童虐待に関する通知と時期

| 通知 | 時期 |
| --- | --- |
| 児童虐待防止に向けた学校における適切な対応について（通知） | 平成16年1月30日 |
| 学校等における児童虐待防止に向けた取組の推進について（通知） | 平成18年6月5日 |
| 児童虐待防止に向けた学校等における適切な対応の徹底について | 平成22年1月26日 |
| 学校等から市町村又は児童相談所への定期的な情報提供について | 平成22年3月24日 |
| 児童虐待の防止等のための学校、教育委員会等の的確な対応について | 平成22年3月24日 |
| 一時保護等が行われている児童生徒の指導要録に係る適切な対応及び児童虐待防止対策に係る対応について | 平成27年7月31日 |

　平成12年児童虐待防止法の施行以降、文部科学省は8つの通知を出してきた。同法施行、改正施行に関する通知を別にした6つの通知は以下の通りである。

　平成22年の3つの通知は同年1月、虐待の連絡を受けたものの適切な対応がなされず、東京都江戸川区在住の小学1年男児が両親の虐待によって死亡したことを反映している。

　1月の通知では、①幼児児童生徒の日常生活面について十分な観察、注意を払いながら教育活動をする中で、児童虐待の早期発見・対応に努める必要があること、②虐待を受けた幼児児童生徒を発見した場合には、速やかに児童相談所又は市町村、都道府県の設置する福祉事務所へ通告すること、③対応にあたっては、学校として組織的に取り組むとともに、教育委員会への連絡、又は必要に応じて相談を行うことが提起された。3月の通知では、学校が情報提供する幼児児童生徒の対象を定めると共に、おおむね1月に1回、出欠状況、家庭からの連絡の有無、欠席の理由についての情報を提供すること、それまでの対応に加え、要保護児童対策地域協議会への積極的参画が盛り込まれた。

平成27年の「一時保護等が行われている児童生徒の指導要録に係る適切な対応及び児童虐待防止対策に係る対応について」では、一時保護所において学習活動を行っている場合、出席扱いとすることができること、行っていない場合、校長が出席しなくてもよいと認めた日数に扱ってよいことが示された。また、①進学・転学に際して支援が必要な幼児児童生徒に係る学校等の間の適切な連携を進めるなど学校等の間の情報共有、②児童虐待等に係る研修の実施、③児童虐待に係る通告についての組織的な対応等について、が示された。

### (2) 子どもの価値の変化からみる親の期待

　工業発展が進んだ国では、子どもは経済的・実用的価値を期待されず、明るさ、活気、喜び、安らぎなど肯定的な気持ちを親に抱かせる精神的価値を期待されている。避妊の普及により、子どもは「授かる」ものではなく「つくる」ものとなり、諸条件を勘案してつくることを選択した結果のものとなり、子どもに万全のことをしてやるのが親の愛情と思われている。そこでは、子ども自身の望みや能力、個性などを考慮するよりも、親の期待が先行しがちである（柏木，2001）。

　親から期待されることはどのような意味をもつのか。青木（2010）によると、親からの期待は「自分は期待されるに値する存在である」と感じ、自分を価値ある存在と思える一方、期待に応えられなければ認めてもらえなくなる不安も同時に存在する。青木が過剰な期待に警鐘を鳴らすように、親の期待に応えようとする子どもは、自分の等身大の姿と親の期待とのギャップに気付き、「親の期待に応えられないダメな自分」という自己意識をもつだろう。「自分にはこういう弱点がある」「私にはこういうダメなところがある」という部分否定であれば、その弱点を克服していこうと思って成長へのバネにすることができるのに対して、自分をまるごと否定する子どもは成長へのバネにはならない（高垣，2000）。

　「つくる」ものと選択した結果としての子どもと矛盾する現実にも留意しなければならない。親が育てられない子どもを匿名で預け入れる唯一の施設「こうのとりのゆりかご」を運営する慈恵病院に寄せられた妊娠・出産に関する相談件数は、2017年上半期（4～9月）3,773件である。児童虐待の要因の一つに、

「親の意に沿わない子」が挙げられているが、それには予期しない妊娠・出産による子どもも含まれると考えられる。

### (3) 地域とのつながりの希薄化の中で

時代をさかのぼると、高い乳幼児死亡率を背景に、人々は子どもの成長を親類や地域の人々で守る「絆＝子育てのネットワーク」を深めてきた。その象徴が子どもと擬制的親子関係を結んだ仮親である。産婆とは別に、臍の緒を切る取り上げ親や名前をつける名付け親などは、子どもと生涯にわたる関係をもった。

仮親がいなくなっても、高度経済成長前は地域で子どもを見守るという意識があった。しかし、産業が高度化し、地域移動が激しくなったこと、都市化・郊外化により、同一地域での居住期間の短縮化、賃貸住宅化が進んだことにより、人々の地域への関心は希薄化していった。1969年、国民生活審議会が報告「コミュニティ〜生活の場における人間性の回復〜」をまとめたことはこの流れにある。

コミュニティは「生活の場において、市民としての自主性と責任を自覚した個人および家族を構成主体として、地域性と各種の共通目標を持った、開放的でしかも構成員相互の信頼感のある集団」と定義され、コミュニティの基本的な考え方として、①都市化の時代にあって、人々は日常生活の共同の場としてのコミュニティを能動的、積極的な姿勢において構築する必要のあること、②コミュニティはフィジカルな日常生活基盤づくりにとどまらず、人々の人間的接触、自発的集団・組織活動への参加、日常生活の場への帰属感などのノンフィジカルな面を含む多面的なものであること、③行政、とくに地域に根ざす基礎自治体においてはコミュニティ行政の比重が大きくなること、しかしコミュニティ形成はあくまでも生活者、住民の自発的意思と協働に俟つべきであり、行政はコミュニティの環境醸成の間接的役割にとどまるべきこと、が打ち出された。

以降コミュニティ施策が進むものの、「私生活化」と呼ばれる公的事象よりも私的領域の事象を優先させる生活態度、生活スタイルが浸透し、他人の私的領域である子どもの育ちに関わることが避けられるようになっていった（住田，

2010)。家族は排他的な重要な他者として、幼児との関わりを求められるようになっていった。実際、平成28年度「家庭教育の総合的推進に関する調査研究〜家庭教育支援の充実のための実態等把握調査研究〜」によると、地域の中での子どもを通じた関わりは「挨拶をする人がいる」でも44.3％と半数に満たず、「子どもを預けられる人がいる」では35.5％、「子育ての悩みを相談できる人がいる」34.4％と3割台である。

子どもの育ちが家族に囲い込まれ、少子化が進む中、「子どもが少ない＝その分だけきちんと育てられる」という社会的な通念は、周囲が期待するような子どもに育たなければ親の責任である、と親を非難する傾向にある（古荘,2009)。

## 3．ジェンダーからみた自己

これまで「自己」と性別に中立な言葉を用いてきたが、自己は性別に中立ではない。性別には、生物学的な性別であるセックスと社会的・文化的な性別であるジェンダーとがある。

### (1) ジェンダーとは

セックスとジェンダーとの関係について、オークレーは次のように述べる。

> 「常識的に、ジェンダーとセックスの二つは同じ区分を見る二つの方法であり、女性のセックスに属する人は誰でも女性というジェンダーに属すると指摘される。しかし、実際はそうではない。男あるいは女、少年あるいは少女になるということは、特定の生殖器を持つのと同じくらい、服装、しぐさ、職業、社会的ネットワーク、パーソナリティ等の関数である」(Oakley, 1972, p.158)

オークレーは、人間の性別にとって、生殖器をもつというセックスと同じくらい、社会的・文化的なジェンダーが重要であることを指摘する。

ジェンダーという概念は1970年代、フェミニズムが自然的とされ、した

がって変えることのできないとされた性差を相対化するために持ち込んだ概念である。フェミニズムとは、辞書的には「男女平等の信念にもとづいた女性の権利の主張」と定義され、社会の女性の扱い方に何か間違ったところがあると知覚することから始まり、女性の抑圧の原因と規模の分析をし、女性解放を実現しようとするものである（L.タトル，1991）。このころのフェミニズムは、第二波フェミニズムと呼ばれ、男女の実質的平等を求めていた。そこで大きな壁になったのが、男女の差を生物学的性差に求める生物学的決定論であった。変えられない性＝セックスに対し、変えられる性、それゆえに変えられなければならない性＝ジェンダーがあることを打ち出した意義は大きい。

　ジェンダー概念は3つの層からつくられている。一つめは性別そのものである。各国の男女格差を測る「ジェンダーギャップ指数」の「ジェンダー」がわかりやすい例である。

　二つめは性差である。フェミニズムにおいても性差の考え方は大きく3つに分かれる。

　差異主義は、従来の性差観は保存されたまま、貶められてきた女性性の優位を説く点で、家父長制に異議申し立てする従来のラディカル・フェミニズムから後退した保守的な思想（上野，1995）として棄却されるのに対し、本質主義は女と男を平等に扱うゆえに支持されやすい。しかし、ジェンダーギャップ指数が大きい我が国にあって、性差を無視することは性差が生じるプロセスを無視することにつながりかねない。ポスト構造主義の論者であるバトラーは、セックスが政治的、社会的な利害に寄与するために、科学的言説によって構築されたものであること、そのため、セックスは既にジェンダーであり、ジェンダーは、それによってセックスが確立されていく生産装置、つまり「言説／文化の手段」であるとして、次のように述べる。

　　「セックスの自然な事実のように見えているものは、じつはそれとはべつの政治的、社会的な利害に寄与するために、さまざまな科学的言説によって言説上、作られたものにすぎないのではないか」（バトラー，1999，p.28）

表2　フェミニズムにおける性差の考え方

| | |
|---|---|
| 本質主義 | 人間存在は同一の資格で個人であり、身体的特徴、人種、性別、言語などの二次的な差異とは関わりがないという主張に立脚し、性差は取るに足らないものとされる。平等が同一性と対になる。 |
| 差異主義 | 同じ人類の中に、二つの性があることを支持する（平等を獲得することは同一性を獲得することではない）。女性性の賞賛。 |
| ポスト構造主義 | 性別は実体ではなくカテゴリーであると捉える。セックスも身体に二元性と画一性を強要するカテゴリーであると捉える。それゆえセックスも文化的に構築されたものとみなす。 |

上野（1995）より作成

　バトラーの論を踏まえると、性差として語られるものについて、どのように語られ、その性差が所与のものとされるのかを探究することが重要であるといえる。
　三つめは、ジェンダー役割である。ジェンダー役割とは、社会的・文化的に女あるいは男という地位を占めている行為者に対して、集団や社会が準備し、期待する行動様式を指す。例えば、女児であれば、ままごとや人形遊びをする、スカートをはく、感情を表出する、男児であれば、ブロックや車で遊ぶ、ズボンをはく、泣かないなどが挙げられる。佐藤が指摘した、自己主張の発達が男子により進むこともジェンダー役割と無関係ではない。
　女性学の最初の研究はジェンダー役割(3)、特に女性の家庭内役割に着目した。今日、男女が自らの意志によって、あらゆる分野に参画することを意味する男女共同参画社会の実現が求められており、学校教育においても男女が家族の一員としての役割を果たし家庭を築くなどの指導を図ることが求められている。

(2) ジェンダー役割の学習
　伊藤裕子によると、外性器の差異に象徴される生物学的要因、親からの期待・働きかけといった社会的要因、子ども自身の認知発達の3つの要因がから

みあって、2〜3歳に自分が男あるいは女であるという確固とした自己認知と基本的確信を意味する中核性同一性（性自認）が確立すると、子どもは急速にジェンダー・ステレオタイプを学習し、自己概念（男／女）に一致したジェンダー役割を積極的に取り込み始める。それは、性の恒常性（性が一貫した不変の属性である）が獲得されていないので、洋服や髪型等によって性は変わるかもしれないと考え、自分の根幹に関わるアイデンティティが揺らぐことは避けるためである。

「この年齢段階の子どもが最もジェンダーに固執しているのかもしれない。四、五歳児の間でよく耳にするのは、『男の子はそんなもん持っちゃいけないんだよ！』『女の人がそんなことをしたらおかしいよ！』という言い方である」（伊藤裕子, 2003, p.30）

伊藤裕子は中核性同一性、それに基づく女あるいは男という一貫性を性同一性と呼び、性同一性の形成の社会的要因として、2〜3歳に仲間集団、メディア、5〜6歳に学校を指摘するが、保育所・幼稚園も社会的要因として含まれるべきであろう。保育所・幼稚園の子どもが「男／女」という二分法を自ら構築することも明らかにされているが、保育者が発信するジェンダー・メッセージに自覚的になる必要がある。

保育所保育指針、幼保連携型認定こども園教育・保育要領には、「（教育及び）保育に関わる（全般的な）配慮事項」の中に、「子どもの性差や個人差にも配慮しつつ、性別などによる固定的な意識を植え付けることがないようにすること」とする記述がみられる。平成29年7月の中央説明会資料によると、次のような説明がなされている。

「保育所において、『こうあるべき』といった固定的なイメージに基づいて子どもの性別などにより対応を変えるなどして、こうした意識を子どもに植え付けたりすることがないようにしなければならない。子どもの性差や個人差を踏まえて環境を整えるとともに、一人一人の子どもの行動を狭めたり、子どもが差別感を味わったりすることがないよう十分に配慮する。

子どもが将来、性差や個人差などにより人を差別したり、偏見を持つことがないよう、人権に配慮した保育を心がけ、保育士等自らが自己の価値観や言動を省察していくことが必要である。
　男女共同参画社会の推進とともに、子どもも、職員も、保護者も、一人一人の可能性を伸ばし、自己実現を図っていくことが求められる」

　固定的な性別によるイメージは、男女の個人的属性に関する認知的な信念体系を意味するジェンダー・ステレオタイプや、ジェンダーに基づく偏見及び偏向を意味するジェンダー・バイアスと言い換えることができる。教育社会学における「ジェンダーと教育」研究は、隠れたカリキュラムとして、ジェンダー・ステレオタイプやジェンダー・バイアスを明らかにしてきた。隠れたカリキュラムとは幼稚園教育要領、幼保連携型認定こども園教育・保育要領、保育所保育指針、これを基準に子どもの発達過程、子どもや地域の実情、園の独自性を踏まえて編成された教育課程・保育課程、それらを具体化した指導計画とは異なり、潜在的にメッセージを伝達する装置を指す。
　ジェンダー・ステレオタイプやジェンダー・バイアスはジェンダー・メッセージとして子どもたちに伝達される。保育所保育指針、幼保連携型認定こども園教育・保育要領では、男女共同参画社会の実現を阻害するものとして、隠れたカリキュラムによって伝達されるジェンダー・メッセージを問題視しているといえる。幼稚園をみてみると、男女別の列、制服（男児はズボン、女児はスカート）、体操服（男児は青色のライン、女児は赤色のライン）、出席簿、呼称など、男女別に分かれるモノは多い。
　小学校以上のトイレ、更衣室といった合理的な区別を別にすると、男女の区別は性差別である。その証拠に、「男子が先、女子が後」の出席簿を「女子が先、男子が後」と逆にすることに賛同が得られにくいこと、体操服のラインを男児は赤色、女児は青色と逆にすることに違和感があることがある(5)。また、道具箱からはさみやクレヨン、のりなどを取りに行く順番を男女別で声掛けする、「お母さん座り」として正座、「お父さん座り」としてあぐらで座るよう促す、聞く姿勢ができている女児を「お姉さん」、男児を「お兄さん」として褒めるといった、保育者による男女別の対応、行動の促しがある。

男女を分けることや性別カテゴリー語は、「人間の性別は男と女である」という性別二元論を伝達するだけでなく、自分がどちらの性別なのか、その所属を明らかにすることを求める。急速にジェンダー・ステレオタイプを学習する時期にこれらが加わることで、ジェンダー役割の社会化が促される。

　幼児期は「自己中心的」といわれるように、自分が考えていることと同じように、他の子どもも考えているという認識をもつ時期である。ジェンダー・ステレオタイプに固執する子どもからみると、ジェンダー・ステレオタイプにとらわれない子どもは「女・男らしくない」子どもである。彼女ら・彼らに対して投げかけられる「女らしくない」「男らしくない」「女の子なのに……」「男の子なのに……」といった言葉は、「女の子は女らしくなければならない」「男の子は男らしくなければならない」とするジェンダー・メッセージを伝達する。

　ジェンダー・ステレオタイプやジェンダー・バイアスはなくそうとされる一方、性差はあるものと自明視されている。「子どもの性差に配慮しつつ」が一方の性別の子どもが「苦手」とされる活動に主体的に取り組むよう環境を構成することにつながるならよいが、子どもの性差を拡大する方向になるなら問題である。ジェンダーの視点は、性差があるのだとしたら、その性差はどのように構築されてきたのか、そこに権力作用は働いていないのかを問う。低い自尊感情、自己肯定感で述べた、女子の方が男子に比べ自己主張が低い、QOL得点が低いことの要因もジェンダーの視点から考えることができる。

　自己主張することは自分が何を考えているか、どのような意見や価値観をもっているかを開示することである。それを黙っていることは、相手に差しさわりがあるからという場合、自分がもっている意見や価値観を開示したくないという場合があり、心理的に中間的距離にある人に対して顕著である（佐藤, 2009）。他者との関係性に配慮することは男女どちらにも望まれる特性であるが、「女＝情緒的」と女子により望まれる。

　QOL得点の内訳をみてみると、中学生の自尊感情で顕著な性差がみられる。自尊感情をはかる質問項目は「自分に自信があった」「いろいろなことができるような感じがした」「自分に満足した」「いいことをたくさん思いついた」の4項目である（古荘, 2009）。女子は男子に比べ活動が制限されることが多いため、「いろいろなことができる」機会が少ない。

(3) トランスジェンダー

　ジェンダー・ステレオタイプの学習、それに続くジェンダー役割の取り込みにおいて、より葛藤を抱えるのがトランスジェンダーと呼ばれる子どもたちである。トランスジェンダーとは、自分の生物学的性別に違和感をもち、その枠を越えようとする人々を指し、性的少数者を表すLGBTのTで表される。

　日本では1998年10月、国内で初めて、医療行為として公に認められた性同一性障害の患者に対する性別適合手術が行われたこと、2001年に放映された『3年B組　金八先生』(第6シリーズ)で、性同一性障害の子どもが登場したことを受け、性同一性障害が知られてきた。

　性同一性障害については、2003年、性同一性障害者の性別の取扱いの特例に関する法律が成立したことを受け、性同一性障害に関する関心が高まり、2015年、「性同一性障害に係る児童生徒に対するきめ細かな対応の実施等について」が通知される、2016年、教職員向けに資料「性同一性障害や性的指向・性自認に係る、児童生徒に対するきめ細かな対応等の実施について」が作成されるなど、学校における対応の必要性が認識されている。

　資料で性同一性障害に係る児童生徒と性自認に係る児童生徒とが分けられたように、性的違和を感じる人であっても、医療行為を必ずしも望まない人、性同一性障害と診断されない人も一定数存在し、トランスジェンダーとは溝がある。

　図2で示した大きな外枠がトランスジェンダーと呼ばれる人々である。日常生活に問題があり、診療を受け、性同一性障害と診断された人々が性同一性障害となる。

　岡山大学ジェンダークリニックの調査によると、生物学的性別に違和感を抱くトランスジェンダーのうち、診断基準により診断を受けた性同一性障害の患者の56％が小学校以前に違和を感じている。診断基準の一つに、「自分の性に対する持続的な不快感、またはその性の役割についての不適切感」が挙げられるように、トランスジェンダーの子どもにとって、ジェンダー役割の社会化の強化はジェンダー葛藤を大きくする。

　ジェンダー役割の学習で述べたように、幼児期は中核性同一性に基づき、

**図2　トランスジェンダーと性同一性障害**

ジェンダー役割を積極的に学習する時期である。トランスジェンダーの子どもの場合、自分の生物学的性別とは反対の性のものとされる行動様式をとることになる。しかし、そのような振る舞いは他の子どもから見ると、「女らしくない／男らしくない」ものであり、トランスジェンダーの子どもを非難することにつながる。幼児期は家族以外の人々との関わりを求めるようになる時期であるが、トランスジェンダーの子どもは他の子どもたちと良好な関係を持つことが難しい。そこで大切になってくるのが保育者の役割である。

　生物学的性別と中核性同一性にはずれがあることを理解すること、個々の子どもの行動を「女／男」という性別による枠組みでみるのではなく、一人一人個性をもった子どもという枠組みでみることを実践することが重要である。このことは、トランスジェンダーの子どもだけでなく、「女らしくない／男らしくない」とみなされる子どもにとっても、励みとなるだろう。

　子どもをめぐる社会問題として、低い自己肯定感・自尊感情から出発し、親子関係として児童虐待、子どもの精神的価値から生じる親からの過剰な期待、地域とのつながりの希薄化による親の子育て役割専有、自己が性別に中立ではないとして、ジェンダー、ジェンダー役割の学習、性自認に関わる問題としてトランスジェンダーを扱ってきた。

　子どもはこれらの社会問題に影響を受ける客体であるだけでなく、社会問題に関わる主体でもある。保育者、保育者養成に関わる者として、子ども自身が社会問題に関わる力を養うことが欠かせない。

〔氏原陽子〕

**注**
(1) 幼児期の教育は生涯にわたる人格形成の基礎を培うものと考えられている。第2章参照。
(2) 児童が同居する家庭における配偶者に対する暴力がある事案（面前DV）について、警察への通報が増加したことが要因とされている。
(3) 当時は「性役割」と表記されることが多かった。
(4) 5〜6歳で獲得される。
(5) 言い換えれば、男女別に分かれるモノはその分かれ方が「当たり前」であるゆえに「問題」とみなされにくい。隠れたカリキュラムは1960年代後半、学校で自明視されている、それゆえに「隠されていた」規則を明らかにする概念として登場したが、「ジェンダーと教育」研究では自明視されていた性差別を明らかにする概念として用いられてきた。
(6) 性同一性障害（gender identity disorder）は①反対の性に対する強く持続的な同一感、②自分の性に対する持続的な不快感、またはその性の役割についての不適切感、③インターセックスを除く、④その障害は、臨床的に著しい苦痛、または社会的、職業的、または他の重要な領域における機能の障害を引き起こしている、の診断基準により診断される。2013年米国精神医学会発表DSM—5により、「性同一性障害」から「性別違和」（gender dysphoria）と名称が変わった。
(7) 性同一性障害に対する外科的療法実施の背景にある「体とこころが一致することで正常になる」という思想に対して、「体とこころの性別が一致しなくていいではないか。人の性自認や身体的性別はさまざまであっていいのではないか」という新たな考え方が当事者たちを中心に起こる。このような考えに基づき、1980年代、脱精神病理概念として、「トランスジェンダー」という用語が用いられるようになった。

**参考文献**

浅野智彦（2002）『図解　社会学のことが面白いほどわかる本——本当のことがホントにわかる！』中経出版

バトラー，J.（1999）『ジェンダー・トラブル——フェミニズムとアイデンティティの攪乱』青土社

遠藤由美（2010）「自己肯定感の構造——社会的ネットワークへの位置づけの適切感」『児童心理』No.910、pp.11-18

榎本弘明（2010）「子どもの『自己肯定感』のもつ意味——自己肯定感の基盤の揺らぎを乗り越えるために」『児童心理』No.910、pp.1-10

古荘純一（2009）『日本の子どもの自尊感情はなぜ低いのか——児童精神科医の現場

報告』光文社
古荘純一（2010）「日本の子どもの自尊感情の低さをどう考えるのか」『児童心理』No.910、pp.34-40
井上俊（1988）「社会のなかの人間」井上俊・大村英昭『改訂版　社会学入門』放送大学出版局、pp.9-17
伊藤美奈子（2017）「自尊感情は『愛され』『ほめられ』『認められ』『感謝され』ることで高まる」『総合教育技術』平成29年7月号、pp.12-17
伊藤裕子（2003）「『女』になる、『男』になる」天野正子・木村涼子『ジェンダーで学ぶ教育』世界思想社、pp.25-39
柏木恵子（2001）『子どもという価値』中央公論新社
川崎二三彦（2006）『児童虐待——現場からの提言』岩波書店
木村涼子（2005a）「名前の重さ」木村涼子・小玉亮子『教育／家族をジェンダーで語れば』白澤社、pp.27-38
木村涼子（2005b）「スカートとズボンのなぞ」木村涼子・小玉亮子前掲書、pp.49-60
ミード，G.H.（1995）『デューイ＝ミード著作集6　精神・自我・社会』人間の科学新社
宮台真司（2013）『14歳からの社会学——これからの社会を生きる君に』筑摩書房
森下伸也（2000）『社会学がわかる事典』日本実業出版社
中島紀子（2001）「幼児教育のめざすもの」田中亨胤・中島紀子『MINERVA教職講座⑫　幼児期の尊さと教育』ミネルヴァ書房、pp.2-14
Oakley, A.（1972）*Sex and Gender*, Gower.
大迫秀樹（2006）「児童虐待の現状とその影響および対処」住田正樹・多賀太『子どもへの現代的視点』北樹出版、pp.122-135
佐藤淑子（2009）『日本の子どもと自尊心』中央公論新社
佐藤淑子（2010）「アサーティブでない日本の子どもの背景にあるもの」『児童心理』No.910、pp.41-47
生徒指導・進路指導研究センター（2017）「生徒指導リーフ——『自尊感情』それとも『自己有用感』？」文部科学省国立教育政策研究所
菅佐和子（2010）「親が注ぐ無条件の愛と自己肯定感」『児童心理』No.910、pp.55-60
住田正樹（2010）「地域社会と子どもの発達——子どもの社会化の視点から」住田正樹『子どもと地域社会』学文社
タトル，L.（1991）『フェミニズム事典』明石書店
上野千鶴子（1995）「差異の政治学」井上俊他『岩波講座現代社会学　第11巻　ジェンダーの社会学』岩波書店、pp.1-26

# 第6章　親からみた環境
## ——教育相談、子育て支援の学びを深める学生たちから

## 1．親の考える環境像を捉えるために

　保育所や幼稚園には保護者、地域での子育て支援が保育者の役割として位置づけられ、保護者や地域の子育て家庭からの相談に対応する力がますます求められてきている。教育相談、子育て支援で実践される相談援助は、日常の保育を土台とした保育者と保護者の信頼関係を基盤として機能するものである。経験の多寡にかかわらず全ての保育者が大切にしなければならない、保育や人との関わりあい方が相談援助には含まれている。

　2017年告示された保育所保育指針では第1章総則の中で、「保育に関する専門性を有する職員」が「入所する子どもを保育するとともに、家庭や地域の様々な社会資源の連携を図りながら、入所する子どもの保護者に対する支援及び地域の子育て支援に対する支援を行う役割を担う」と記されている。また、幼稚園教育要領では「幼児の生活は家庭を基盤としながらも」「幼稚園と家庭が一体となって地域における幼児期の教育センターの役割を果たすよう努める」（第3章2）と、幼稚園にも子育て支援の役割を求めている。つまり、子育て支援は、保育者の専門性の一つであり、園に通う保護者のみならず地域の子育て家庭を対象として支援していくことを職務として期待されている。

　「子どもに対する支援だけでは問題の根本的な解決にならず、保護者を含めた支援により、子どもの福祉を図るという観点が必要である」と記されるように、保育プラス保護者支援が専門職、保育士に課せられた責務となる。

## 2．親が捉える環境像を学ぶ意味──子どもと保護者を取り巻く社会状況

　以前の多世代からなる大家族は核家族化し、地域とのつながりも希薄化した。その結果干渉されない自由と引き換えに家庭は孤立化し、助け合う関係性が消失していった。元来子育ては親だけが担うのではなく、祖父母や地域の多様な年代の人たちが関わりあい、助けあいをしていた。新米の親たちもそれらの人たちから子育ての豊富な知恵と助けを得て、地域社会で暮らし、親の役割を学んでいくことが当たり前だった。

　子どもたちは、親だけではない多様な大人たちとの関わりや見守りの中で、安心して家庭や地域で育ち、声をかけられたりかわいがられたり、時にはいたずらをして叱られるなど豊かな体験を積んで成長した。

　しかし現代は核家族で、一日中親子で過ごし、子育ての過度な情報により、子育てを楽しむより、他児との比較や、育児書通りいかないことを悩んだりすることが多くなった。また、すでに少子化となった中で子ども時代を過ごしてきた世代では、乳幼児との接触体験も少ないまま親になり、子育て不安や、困難感を引き起こしている。

　最近は「イクメン」と呼ばれる子育てに積極的に参加する父親も増えつつある一方、父親の多くは仕事で帰宅が遅く、父親の家事・育児への関わりが十分でない中で、子育てが孤立化し、負担感が大きくなっている。

　また、年々増加している児童虐待は、子どもの人権を著しく侵害し、その心身の成長や人格形成に重大な影響を及ぼす。児童虐待の要因の一つは、子育ての孤立、負担感が影響しているといわれる。家庭だけの問題として見過ごせるものではなく、社会的援助が必要であることが広く理解されるようになった。虐待の予防、発見にも子どもと家庭の意見に耳を傾け、ニーズを把握し、必要な社会資源を利用できるように支援するなど環境の調整・介入が必要な取り組みとなってくる。そのためにも相談援助の知識と技術が欠かせない。

## 3．環境像を解き明かすためには相互のコミュニケーション、相談援助の理論、そして技術が必要

　相談援助とは、保育や子育て支援の場で、保護者から「相談」を受けた事柄について援助を行うすべての活動をいう。また、保護者から相談を受けなくても、保育者からみて援助が必要な事柄（例えば、子どもの育ち、親子関係、親自身の家庭の状況、ネグレクト状態）は、保育者から保護者に相談をもちかけて援助を始めるときもある。

　保護者の相談には、主訴とその背景にある問題の両方が含まれている。保護者の語られる内容は、水面上に姿をみせている氷山の一角で、その訴えを作り出している理由が水面化には多く潜んでいることを保護者の立場になって考えられるようになりたい。

　このような保護者に対応するため、保育者は、子どもや保護者を支援していく知識と技術といった相談支援の専門性が求められている。

　保育所保育指針第4章において保育所の特性を生かした支援、保護者の養育力向上、「地域の社会資源」の活用などを示している。保育現場における保護者支援の方法論の一つとして、ソーシャルワークやカウンセリングといった技法が位置付けられている。

　ソーシャルワークとは、社会福祉援助のことであり、信頼関係を基盤にしながら、相談者の環境（家族、地域、社会資源）に焦点を当て環境を調整していこうというのが基本姿勢である。カウンセリングは、相談者と信頼関係を基盤に、対話を通じて相談者の心の変容（内面）を重視する。それぞれ技法は異なるけれど「人を支援していく活動」という趣旨においては同じで、大切な要素は、相談者がもともともっている潜在的な力（理解する力、認知する力、判断する力、選択する力、問題を整理し解決する力、そして傷を癒す力）を引き出すことにある。

　相談者と支援者との間で信頼医関係をいかに構築するかが支援を成功させる要件となる。そのためには、相談者に安心感をもってもらうために支援者の姿勢や態度が重要である。そのためにソーシャルワークの分野でバイステックの7原則があり、学生はその原則を技術として学んでいる。

　①個別化（相談者の生活背景や成育歴、性格の違いの独自性を認め、理解しよう

とする態度)
②意図的な感情表出(相談者が自己の感情を気兼ねなく表現できるように尊重して関わる)
③統制された情緒的関与(支援者自身の感情をコントロールし、冷静な自分を意識できる態度)
④受容(相談者のあるがままを受け入れ、共通理解を深める)
⑤非審判的態度(支援者の価値観によって、利用者を非難しない)
⑥自己決定(問題解決は、あくまでも相談者自身がする。支援者は、指示しない)
⑦秘密保持(相談者に関する情報を口外しない)

　そのための、インテーク(受理面接)時の傾聴・受容・共感の態度が重要となる。

　また、アセスメント(事前評価)では、視覚化すると共有しやすいためマッピング技法のジェノグラム(家系図作成法)やエコマップ(環境相関図)を学ぶことで保護者や子どもたちが置かれている状況を一目で読み取りやすいということを実感したようだ。

　これらを理解するため、グループに分かれて、何度もロールプレイを実践し、保護者の立場を理解すること、バイステックを意識しながら支援者(保育者)の立場になることを演習で行った。

## 4．実践的な相談事例から考える——Ｋ市子育て支援拠点センターの相談例と来所理由から

　Ｋ市は、子育て支援拠点センターとして５ヵ所、保育園に併設した子育て支援センター(小規模)２ヵ所、つどいの広場１ヵ所が開設されている。その中の、大型商業施設の一角に106㎡の広さにワンフロアで開設している子育て支援センターの保護者アンケートから、保護者の悩みや不安、利用理由などの結果を考察する。このセンターは３階にあるが、隣接する駐車場からは連結した通路があり、ベビーカーを押したまま、雨風にあたることなく通えるという利便性がある。

　学生と一緒に、この支援センターを訪れ、保育士の関わり、利用している親

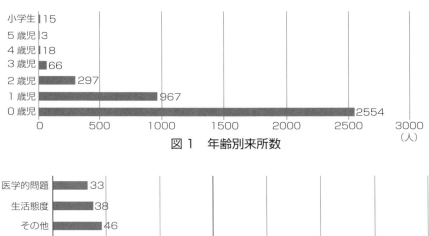

図1　年齢別来所数

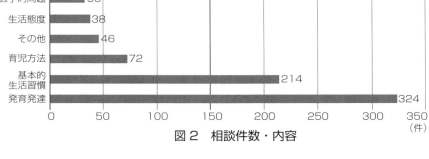

図2　相談件数・内容

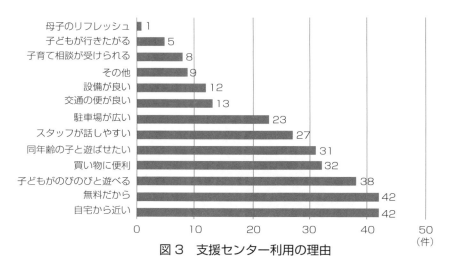

図3　支援センター利用の理由

子の様子を見学した。

　統計からわかるように、利用者は圧倒的に０歳児の親子が多く、生まれて間もない親子が参加する場所が少ないことを想像させる。相談内容も、深刻な内容よりも子どもの発達発育の相談が多い。子どもの発達発育の姿を理解していると「大丈夫ですよ。よく育っていますね」と、答えながら発達の見通しを伝える保育士の姿を垣間見ることができた。

　入口は商業売り場の一角、ガラス戸一枚でワンフロワーの支援センター内が見渡せる状況になっている。買い物ついでに、中の様子をうかがっている親子に、保育士が「中へ入って遊んでいきませんか」と声をかけ、初めての親子でも一歩踏み出しやすい雰囲気がある。

　見学に行った日、他の人と関わることもなく、隅のほうで遊んでいる親子がいた。一定時間が経過した後、絵本の読み聞かせと、親子の遊びをするため、センター内にいた親子が中央に集まりかけたとき、いそいそと帰っていった。保育士も誘うわけでもなく「さようなら。またあしたね」とさらっと言葉をかけ、手遊びを始めた。

　後で保育士に聞くと、この親子はいつも一人きりで子育てをしてきた。どうやって育てていいかわからないが自分は人とコミュニュケーションをとるのが苦手で、だれにも相談できなかった。買い物へ来たついでに覗いていたら声をかけられたので恐る恐る入ってみた。保育士はそんな親子のために、いつもの場所を用意し、必要以上に声掛けすると負担になり次の日から来なくなると予測できたので、見守ることにしようと話し合ったようだ。ただし、保育士の視野に親子の姿はいつも入れて置き、お母さんが何かを訴えたそうなときは、すぐ寄り添う。せっかく一歩踏み出したお母さんのために、「また明日も来てみよう」と思い続けられる手立てが、そっと親子を見守ることだった。何かをすることが、保育士の仕事と思っていた学生には、「むずかしい」「手を差し伸べる、見守る、の境界線が判断できるんだろうか」という声が上がった。すると、現場の保育士から「私たちも迷いながら何が正解かわかりません。一つだけ言えるのは、保護者の気持ちに寄り添うということです」と回答があった。

　帰校途中、改めてインテーク時の傾聴・受容・共感の大事さを実感し、バイステックの７原則を使って相談支援をしてみたいという声が上った。

## 5．環境像の中核に位置する葛藤・悩み、そして、その子育て支援――Ｋ市子育て支援拠点センターを一つの典型例として

　Ｋ市の子育て支援拠点センター、子育て支援センターは、Ｋ市と社会福祉法人がそれぞれ運営している。今回Ｋ市が運営している子育て支援拠点センターのセンター室長から話を聞く機会が設けられた。
　Ｋ市子育て支援拠点センターの時代の変遷とともに必要とされてきた子育て支援の時代背景を学び、多くの実例を交えて、子育て支援拠点という親子、家庭、地域社会との交わりをつくる場であることを理解した。
　保育士として現場で子どもと向き合う仕事には、保護者支援や相談が必要不可欠であること、子育てに悩む保護者への個々の支援が如何に大切かを学んだ。
　支援センターでの保育者の役割は、「親」が子育ての主人公となるよう「親」自身が主体的に学び自ら解決しようとする気持ちがもてるように、子育てが楽しく自信がもてるよう働きかけることが大事と説明された。例として話されたのは、3歳のお子さんが遊びに飽きて入口から出ていこうとしたときのことだ。お母さんがいくら呼びかけても戻ってくる様子はない。保育士が子どもの様子をみていて気持ちが理解できるため、遊びの輪に引き戻すのは容易なことである。だが決して声はかけない。お母さんに声のかけ方とタイミングを伝えるのである。それでもなかなか戻ってこないため、お母さんはだんだんイライラしている様子だ。保育士は、お母さんの怒りが高まる前に、子どもの気持ちが遊びに戻れる余韻が残っているうちに、お母さんに了解を得て子どもに近づいて話しかける。子どもが戻ってきて抱き着く先はお母さんだ。その後、お母さんも子どもも楽しそうに遊びの中に加わっていた。その後お母さんは、「私は『おいで！』と言いながら、心の中は遊び続けられないわが子に怒りを感じていました」と話されたそうだ。
　学生は、真剣なまなざしでセンター室長の話に聞き入っている（図4・5）。楽しいはずの子育てをしながら、苦悩する保護者の姿。そこに関わる保育所とは異なる保育士の姿。「保育者は、子どもとだけ関わり子どもの健全発達を願うだけでなく保護者に育児の喜びを伝える仕事と気づいた」「転勤してきて孤

図4　学生に講義するセンター室長

図5　講義を受ける学生

独だったが、支援センターで話を聞いてもらって元気になったお母さん。支援センターの保育士ってすごい！」「相談援助の奥深さに感動した」などの感想を寄せていた。

　また、保育技術は、手遊び・絵本の読み聞かせ・歌・ピアノなどだけでなく、子どもとの距離感（見守る姿勢・声をかけるタイミング）が、子どもを主体的な活動に導いていく大きな要素でもあることにも気づかされた。「保育の現場でたくさんの経験を積んでいつかお母さんたちを支援できる保育士になりたい」の声も上がった。

　保育者の役割は、多様化している。2年間の学びの中でそれらを全て理解することは困難だが、このように子育て支援センター室長から現場の声を直接聞くことで、学生の保育士役割に対する期待と夢、そして自分にできるだろうかという不安感を少し感じながら専門職としての意義も感じ取っていった。

## 6．まとめ

　保育者の役割が多様化され子どもの保育だけではなく、保護者支援、地域の子育て支援が大きな役割を占めるようになった。

　今までも保育現場では保護者に寄り添って支援をしてきたが、それは経験などからくるものだった。社会の状況が変化する中で、保育士養成課程のカリキュラムも平成23年から「相談援助」「保育相談支援」、平成31年からはそれらが統合されて「子育て支援」となるなど、専門性をもって子育て支援に対応して行くことが求められている。

　学生は、1年生後期で15コマの「相談援助」、2年生後期で15コマの「教育相談・育児相談」を学ぶ。学生のアンケートによると、1年生では「覚えることが多すぎ」「実際に保護者から相談されたら授業通りにはいかないと思うと不安」などの意見もあったが、「将来に役に立つ大事な授業」と認識していった学生が多かった。1年生は「まあまあ理解できた・大変よく理解できた」が65％に対し、2年生になると「まあまあ理解できた・大変よく理解できた」が91％に上昇している。2年生の意見は、「ロールプレイでイメージしやすかった」「ロールプレイで気づけなかった親の気持ちがわかった」「ロールプ

レイすることでその場にいるようでわかりやすかった」などの声があり、1年、2年と授業を進めることで不安もありながら授業の理解度、必要性が認識されていった。

　保育者は、子どもの代弁者と言われるが、その思いだけで保護者と向き合うと、正当性が優位に立ち、保護者に共感することが難しくなる時がある。

　保育者は子どもの育ちを保護者とともに見守ったり、時には一緒に悩んだり、保護者の子育てに伴走する存在でありたい。保護者にとって大切な相談者は、いつも正当を教えてくれる指導者ではなく、一緒に悩んだり考えたり喜んだりしてくれる存在でありたい。

（田仲京子）

**参考文献**
厚生労働省（2017）「保育所保育指針」
文部科学省（2017）「幼稚園教育要領」
大島恭二・金子恵美（2011）『相談援助』建帛社
太田光洋（2016）『保育・教育相談支援――子育ち子育てを支える』建帛社

# 第Ⅲ部
# おもちゃ・ものづくり

　第7章では、年齢の発達段階に応じての「おもちゃでの遊びを通して獲得するもの」について言及している。

　乳児期から幼児期に至るまで、そしてその後も、子どもは遊びの中から様々なものを獲得していく。子どもの発達・成長のすべてに関わる遊びは非常に重要なものだが、おもちゃには「感覚器官」「運動機能」「社会性」の発達を助けるという役割がある。子どもの状態を知っている大人が、おもちゃの特徴を考えながら、遊びを子どもに合わせて展開していくことが大切になる。ここではその大切な遊びを支える、大きな要素のひとつが「おもちゃ」となる。

　第8章では、「幼児期の終わりまでに育ってほしい姿」の小学校との接続を踏まえて、とりわけ認知に関する3項目を扱う。

　①「思考力の芽生え」として、なぜを問うことへの入り口として「物の性質や仕組みなどを感じ取ったり」する素材を紹介する。

　②「自然との関わり」として、「自然に触れて感動する体験」や「自然の変化など」への「好奇心や研究心」として身の周りの野菜や果物に着目する。

　③暦・季節感を踏まえて、とりわけ「数量」に着目して、遊びや生活の中で、数量等を活用し、興味や関心、感覚をもつことを扱う。

# 第7章　保育環境の一つとしての
## 　　　　遊びとおもちゃ

## 1．遊びは子どもの発達に欠かせない

　幼稚園教育要領や保育所保育指針にもその重要性が繰り返されるように、遊びは子どもの発達に欠かせない非常に大切なものである。そしてその遊びを展開するのに必要な空間や時間、そして一緒に遊ぶ人やおもちゃなどの環境を保証して、遊びを見守り支援しながら子どもの発達を支える身近な大人が必要不可欠だ。保育者となる人には、当然その力が求められるわけだが、ここでは特におもちゃについての確認と、そしてとりわけ手作りによるおもちゃについて考えてみたいと思う。また、実際に筆者が子どもの造形教室と授業で実践してきた例から、いくつか作り方やコツ、遊びへの展開のありかたを紹介していく。

## 2．おもちゃでの遊びを通して獲得するもの

　乳児期から幼児期に至るまで、そしてその後も、子どもは遊びの中から様々なものを獲得していく。同じような動作や同じようなおもちゃでも、年齢によって獲得する物は様々で、遊びを見守る大人がどのようなねらいをもって、どんなおもちゃをその場面で選ぶかが非常に大切になってくる。
　物が掴めるようになった子どもは、手に取ったものを口に入れたり振ってみたり、なんでもおもちゃにして遊んでみる。見えているだけでは得られなかったいろいろな情報が、振ったりぶつかって音が出たり、なめた感触や手触りな

ど、実際に手に取ることで得られる。摑むことで手の力や細かな機能・感覚が発達していくが、それだけではなく、手に取った物で遊ぶことで視覚や聴覚や運動機能やそれらの協応など、様々な部分へとお互いに影響しながらいろいろな部分が発達していく。そして、摑む能力を身につけた子どもは、手に取った物を離すことで違う物を摑んだり、繰り返し摑むことができるようになり、次第に手で摑むことから指で摘むことへと精度を上げていき、さらに高度な遊びへと展開できるようになっていく。

　摑む能力を獲得したばかりの子どもなら、ただの箱や入れ物でもおもちゃになる。何かを摑んで箱に入れることで、獲得した能力を繰り返し、いろいろ試してみることでその能力を発達させる。そして、入れ物に蓋があったなら、その蓋を開けなければ入らなかったり、入り口よりも大きな物が入らなかったり、入れ物がいっぱいになったら入らなくなることも発見し、空間の認識力なども発達していくことになる。

　入れ物の入り口が丸かったら四角い物が入るのかどうか。もし入れたい物が長くて入る方向が限定されていたら。入れ物が透明で、欲しい物が中に見えたら。中身が見えなくて何が入っているのかわからなかったらなど、入れ物と入れる物との関係だけで、様々な遊びが考えられ、それぞれ発達の期待されるものが違ってくる。

　保育所保育指針では保育士の専門性として、「子どもの経験や興味・関心を踏まえ、様々な遊びを豊かに展開していくための知識・技術」を必要なものとして位置付けている。

　子どもの発達・成長の全てに関わるため、遊びは非常に重要なものだが、その中でも、おもちゃには「感覚器官」「運動機能」「社会性」の発達を助けるという役割が特に強くある。そして、おもちゃそれぞれにも、どの分野に影響が大きいのかという特徴がある。子どもの状態を一番よく知っている大人が、おもちゃの特徴を考えながら、遊びを子どもに合わせて展開していくことが大切になる。

　子どもの近くで遊びを見守る私たち大人は、おもちゃを与えてその遊び方を教えてあげるのではなく、子どもが獲得しようとしている能力や、獲得したばかりの能力を、さらに豊かに発達させるにはどんな遊びが考えられて、そのた

めにはどんな物がおもちゃとして必要か、またどんなことが遊びになってどんな物がおもちゃになりうるかを考えていく必要がある。
　ここではその大切な遊びを支える、大きな要素の一つである「おもちゃ」について考えてみたいと思う。

## 3．おもちゃのおおまかな分類

　おもちゃには実に多くの種類がある。一括りにして発達のことを考えるのは難しいので、おおまかに分類してそれぞれを、発達に関わる部分を特徴として簡単にまとめてみよう。

・見るおもちゃ聞くおもちゃ
　ガラガラや吊り下げるメリー、人形やオルゴールなど、色を見て楽しんだり音を聞いて楽しむおもちゃは、0歳から楽しめるもので、感性を豊かにする非常に大切なおもちゃである。

・見るおもちゃ触るおもちゃ
　ぬいぐるみや人形などは触って感触を楽しみ、愛情を育む大事な要素もある。触った感触だけを楽しむものやスライムなども、触るおもちゃの仲間である。

・組み立てるおもちゃ
　積み木とかブロックとかパズルなどは手先の器用さや手と目の協応はもちろん、高さや量の認識など空間知覚の発達にも影響する。並べるだけでも遊べるので小さな子どもから遊べて、組み立てる、見立てるなど高度なこともできる優れものだ。比較したり、予測したり、想像したり、空間認識の発達や想像力を育てる。

・動くおもちゃ
　電池やゼンマイで動く車や、仕掛けがあって光ったり音が出るおもちゃは、好奇心や探究心を刺激して自ら関わる力を育てる。

・飛ぶ物走る物

　紙飛行機や竹とんぼ、ミニカーや凧など、自分で動かして遊ぶ物は、手先の器用さや手と目の協応を必要とする遊びで、楽しくいろいろな動作を繰り返しながら、発達させることができる。

・乗る物使う物

　けん玉や縄跳び、竹馬やぽっくりなどは、全体的な身体機能の発達やバランス感覚を育てることにもつながる。全身を使う物は身体像の認識にも役立つ。
　紙飛行機の作り方・飛ばし方やけん玉・竹馬などのおもちゃは、運動能力や器用さを発達させるのはもちろんだが、できなかったことができたり、コツを摑んだりすることで、達成感や自己肯定感の獲得にもつながる。また、競いあったり、摑んだコツを教えあったり、コミュニケーション能力の発達にも関わる遊びといえる。

・作るもの

　折り紙、モールやビーズ。一定の規格のものを加工したり組み合わせたり、条件とルールの中で作りながら遊ぶことで、考える力を育てる。また、できあがりの予測など、想像力を膨らませるのにもよい。

・行為を楽しむおもちゃ

　シャボン玉や花火、風船、お手玉、おはじきなど、見て楽しむことに加えて自分で関わる力にもつながるので、感性を豊かにするだけではなく、主体性を育むことにもつながるといえる。

・ごっこ遊びのおもちゃ

　ままごとのいろいろな道具や、電話、変身ベルトやグッズ、ヒーロー（ヒロイン）の武器などは、成り切るための想像力を育てる他に、相手役や仲間や敵など他者との関わりも出てくるので、社会性やコミュニケーション能力の発達にも大きく作用する。

## 4．おもちゃの効用と手作りおもちゃ

　一口におもちゃといってもこのように多様で、発達などの期待できるものもそれぞれ違うので、その効果・効用についても多岐に渡る。ところが、本来そのおもちゃが持っている特性があるのに、その遊び方を変えることで、得られるものが変わっていくということもある。

　例えば、見て楽しむだけのおもちゃでも、一人で見るのと、友達と一緒に見るのとでは、感じる部分が変わってくるし、そのおもちゃが買ったものか母親が作ったものかでも、感じるものは変わってくる。

　友達と一緒に遊ぶことで得られるコミュニケーション能力などの社会性は、どんなおもちゃで遊んでもある程度得られていくことになる。場所や人や出処など、そのおもちゃとともに与えられた環境によって、得られる効果が変わってくることを、子どもとの遊びを考える上で知っておく必要がある。

　このようにおもちゃに付随する環境の、要素の一つとして、おもちゃを自分で作るということの意義について考えてみたいと思う。

　図画工作・美術を担当している筆者にとっては、子どもの造形活動にどう保育者が関わるのかということや、子どもの描画の発達をどう見守るのかという部分を学生に伝えていくことが、主な課題になりがちである。実際にこれまでの授業では多くの時間をそういう内容に費やしてきた。しかし、子どもの発達の多くに遊びが関わっている事実や、子どもが自ら楽しく活動することの重要性を考えたとき、美術や造形という括りにこだわらずに、もっと遊びを制作活動に取り入れるべきなのではという考えに、徐々にだが変わってきた。

　もちろん美術的な制作の活動は大事で、ゼロからものを作ることや、いろいろな画材から作品をつくることで得られるものは非常に多い。絵を描くだけでも、子どもにとっては、描いてお話をして、自分の思いを表現して大好きな人に伝える大切な活動だ。

　ものをつくることの大切さをちゃんと取り入れながら、子どもが遊びで楽しく活動することができたら、そんな素敵なことはない。それが手作りのおもちゃのもつ力なのだ。

## 5．おもちゃを作る「手作り」ということについて

　ものづくりの楽しさや大切さを学べて、楽しく遊べる利点を挙げたが、実はおもちゃを手作りすることで生まれるものはもっとある。もともとおもちゃがもっている、愛着であったり、愛情というようなものが、自分で作ることでより大きくなる。そして、できたおもちゃに色をつけたり模様をつけたり、手を加えることでそれはさらに大きくなるはずだ。なので、できたおもちゃのきれいきたないや、模様や絵の上手い下手にはなるべく触れないようにしなければならない。上手い子どもの作品を褒めるのも避けよう。褒めてしまうと、他の子も上手くできないとダメなのかと思ってしまい、せっかくの手が止まってしまう。

　もう一つ、大事なことが「手作り」には含まれている。作るのは子どもたちだが、作れるように準備するのは私たち大人なのだ。子どもたちの年齢や集団によってできることが全然違うので、おもちゃによっては、作れる・作れないどころか、遊べる・遊べないも違ってくる。

　一緒に作るおもちゃを試作しながら、もっと楽しくするには、もう少し簡単にするにはどうするか、ここには目印をつけておいた方がいいのかなど、子どもたちのためにどんな工夫ができるか、たくさん考えることになる。これはもう一つの立派な効果であって、子どもたちへの愛情も育んでくれるともいえる。

　子どもたちのことをよく知っている親や保育者なら、さらに個々の特性や性格を踏まえて準備もできるし、実際に制作している場面でもより興味の向く方へ導くこともでき、もっと楽しく活動できるように促すこともできるようになる。試作から制作を経て遊ぶ活動を通して、子どもの活動や発達を支援する私たちの力も育てられるということになる。

　また、当たり前だが、手作りおもちゃの仕組みは、作った本人にはよくわかる。幼稚園教育要領にも、表現ではなく環境での記述になるが、「生活の中で、様々な物に触れ、その性質や仕組みに興味や関心をもつ」「身近な物を大切にする」「身近な物や遊具に興味をもって関わり、考えたり、試したりして工夫して遊ぶ」とある。いろいろな身近な素材を利用して、自らおもちゃを作るこ

とで、これらの多くのことが体験できると思う。

## 6．手作りおもちゃ実践例

　実際に筆者が、子どもの絵画造形教室で実践してきた手作りおもちゃの中から、身近な材料と簡単な作り方で、遊びの展開がしやすいものをいくつか紹介してみようと思う。専門学校の授業でも紹介していて、年々効率よく材料を取ることや、加工をシンプルに手順を明確にと工夫をしながら更新している題材である。専門学校の長期休みの前にこれらのおもちゃを授業で作って、実際に子どもと一緒に遊んでくることを課題として設定もしている。子どもと遊んだ感想や気づいたこと、遊び方の変化などを報告してもらうような取り組みもしていて、どんな遊びが子どもにどう受け入れられて、どういう反応をするのか考えるきっかけになるのではと考えている。

　まずは輪ゴムを利用したおもちゃを紹介する。パッチンと飛び上がるものや、紙コップロケットが有名だが、ここでは輪ゴムの鉄砲を２種類紹介したい。輪ゴムが飛んだり、紙製の弾が飛ぶので、あまり小さな子どもとはできないが、テーブルに固定してしまって方向を限定したり、威力も調節できるので工夫次第でいろいろな遊び方ができると思う。

■割り箸と輪ゴムの簡単鉄砲

　割り箸１膳と４分の１でできる簡単鉄砲である。弾をはさむ力にも輪ゴムが使われている。ここでは可動部分も割り箸で作ったり、輪ゴムも自由に動けるようにしているが、もっと簡単に作ることもできる。

材料：割り箸２膳　輪ゴム３本　ストロー　セロテープ　厚紙
道具：糸鋸　はさみ　定規　鉛筆

①割り箸をパーツに切り分ける

1膳は割らずにそのまま使う。もう1膳は図のようにスペーサーとトリガーに切り分け、使うのは1本の半分だけである。

割り箸などを切る時にカッターを使うのは、大人でも危ない。周りをぐるっと1周カッターで傷をつけて、ミシミシッと折り取ることはできるが、ここでは比較的安全な糸鋸を使う。

糸鋸は100円ショップにもあるし、手に当たったくらいではたいした怪我もしないので、木を切る体験としてぜひ取り入れてほしい。

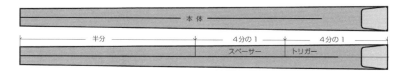

### ポイント「糸鋸の使い方」

普通のノコギリのように、水平に前後に動かすと材料も前後に動いてしまう。ちゃんと固定することも大事だが、固定する道具がない場合はテーブルをうまく使う。

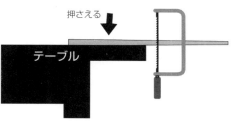

糸鋸も引いたときに刃が効いて切れるので、図のようにテーブルに置いた材料を押さえて、切る人がしゃがんで糸鋸を垂直に上下に動かすとうまく切ることができる。

子どもと作業するときは、やはり確実に固定できる右図のようなクランプを使用すると便利だ。これも100円で手に入る。

②本体にトリガーをつける

　本体用の割り箸の太い方に、トリガーとして切った部品を輪ゴムで強めに固定する。弾をつかまえておく動力となる部分なので、8〜9回巻くとしっかり弾を固定でき遊びやすくなる。難しい子には割り箸とトリガーを握ってもらって、こちらで巻いてみせてあげよう。一緒に数えながら巻くのもよい。

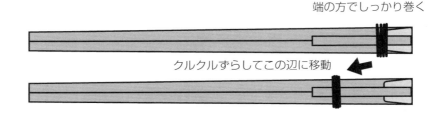

**ポイント「輪ゴムでの束ね方」**

　髪を束ねるように輪ゴムを何度もかけるが、輪ゴムをかけて、伸ばしてねじって、またかけてという作業はけっこう難しいものだ。まずは割り箸数本を束ねて練習してみたり、束ねられる割り箸をしっかり持ってあげて、輪ゴムをかける作業だけに集中してみたりするのもよい。さらに、奥の方で強く束ねるのは大人でも難しい。しっかり強く束ねる時は、端の方でしっかり留めたあとで、輪ゴムを転がしながらずらして、奥の方に行くようにしよう。

③トリガーに台（スペーサー）をつける

　トリガーと本体の間に、トリガーが動く台となるスペーサーをはさむ。輪ゴムが強くてはさみづらいので、横にずらしてから無理やりはさむなど、ちょっと工夫が必要だ。

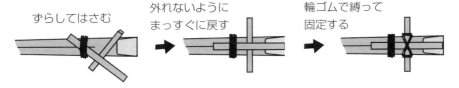

ポイント「輪ゴムでの縛り方」
　十字に組まれた部品の固定は、髪を束ねるような方法では強く固定することはできない。
　最初と最後は輪として使うが、きつく固定する工程では1本のヒモとして使うと効果的である。

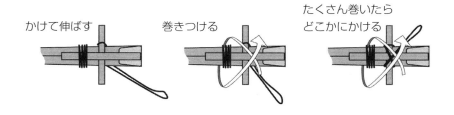

かけて伸ばす　　巻きつける　　たくさん巻いたらどこかにかける

④先端に輪ゴムを取り付ける
　命中精度が高くなるように、ストローの切れ端を使って輪ゴムを可動式にして取り付ける。
　子どもと作る場合は、セロテープや布テープで、直接本体の先端に取り付けても十分遊べる。

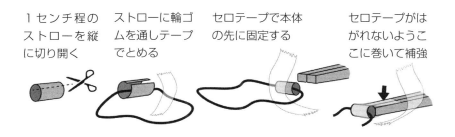

1センチ程のストローを縦に切り開く　　ストローに輪ゴムを通しテープでとめる　　セロテープで本体の先に固定する　　セロテープがはがれないようここに巻いて補強

⑤厚紙を切って弾を作る
　ボール紙や牛乳パックでもできるが、梱包用資材のエコクラフトと呼ばれる、紙のひもが並んだ帯状の紙製バンドが便利である。

⑥弾をセットして撃ってみよう

　輪ゴムの力を利用した洗濯バサミのような部分を開いて、輪ゴムにかけた弾をはさむだけである。右手と左手が別々のことをしなくてはならず、力を抜くタイミングも気をつけないとダメなので、なかなかに難しい作業だ。

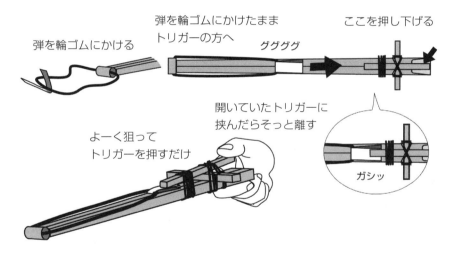

⑦　的を倒してみよう

　撃つことができたら、何かを倒してみよう。弾が当たって、ずれたり倒れたりすると当てた実感が得られるので、紙コップや軽い空き箱などがいい。スチレンボードと厚紙でオリジナルの的を作ってもいいだろう。紙コップは的としては少し小さく当てるのが難しいので、たくさん並べたり重ねたり、風船などをつけて的を大きくすると、当てやすくなる。その場合、風船が割れないよう

に、大きくしすぎないこと。またセロテープではなくマスキングテープなど柔らかいものを使う。

⑧アレンジしてみよう

洗濯バサミのような可動部分を本当に洗濯バサミにすると、さらに簡単に作ることができる。割り箸と同じように輪ゴムで固定することでも作れるが、テープで固定するだけでも作ることができる。輪ゴムのいろいろな使い方を知るという狙いではなく、テープでいろいろなものを固定できるという狙いをもった設定保育にするなら、先端も布テープでとめてさらに簡単にしてみよう。

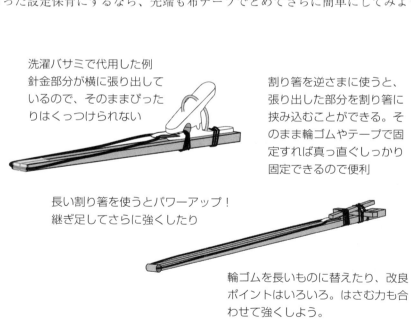

洗濯バサミで代用した例
針金部分が横に張り出しているので、そのままぴったりはくっつけられない

割り箸を逆さまに使うと、張り出した部分を割り箸に挟み込むことができる。そのまま輪ゴムやテープで固定すれば真っ直ぐしっかり固定できるので便利

長い割り箸を使うとパワーアップ！継ぎ足してさらに強くしたり

輪ゴムを長いものに替えたり、改良ポイントはいろいろ。はさむ力も合わせて強くしよう。

第7章　保育環境の一つとしての遊びとおもちゃ　99

■連射の輪ゴム鉄砲

　割り箸2膳でできる、よくあるタイプの輪ゴムが飛ぶ鉄砲である。ところが、部品を一つ付け足して、輪ゴムのセットの方法を工夫すると、連射ができる。

　実際に年長児に何度か実践しているが、連射に成功する子どもも大勢いて、中には3連射に成功する子どももいる。

材料：長い割り箸2膳
　　　輪ゴム8本
道具：糸鋸　定規
　　　鉛筆

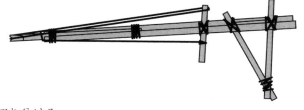

①割り箸をパーツに切り分ける

　ここでは24センチの長い竹製割り箸を使う。1膳は割ってそのまま使い、もう1膳を図のように切り分ける。先ほどの簡単鉄砲と同じく、糸鋸を使って切ろう。年長児なら定規の使い方を体験してもいいかもしれない。だが正確に計って印をつけていくのは、けっこう難しい作業だ。見本となる割り箸を用意して、しっかり印をつけておいてあげると、新しい割り箸とぴったり並べて印を真似してつけていくことができる。一人は押さえて、一人は印をつけてと協力して作業するのもよい。

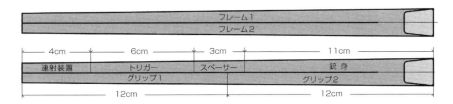

②銃身に切り欠きをつける

　銃身の先端には輪ゴムがかかる切り欠きをつける。糸鋸で斜めに切っていくとできるが、子どもにはちょっと難しい。最初に加工しておいてあげるのがよさそうだ。大人が切るときも、コツがつかめないとちょっと大変である。短いものを加工するのは難しいので、トリガーなどと切り分ける前に切り欠きの加工をしよう。

切り欠きを作る　　　　斜めに切り込みを入れ、反対からも切る

## ポイント「斜めの切り込み」

　割り箸の先端に斜めの切り込みを入れて、三角に切り欠くのは、大人でも難しい。右図のように材料を斜めに置いて角だけはみ出し、糸鋸は真っ直ぐ使おう。材料を裏返すと同じ作業で切り欠くことができる。

テーブルに斜めに固定して
糸鋸はまっすぐに

テーブルに沿わせて切り、
裏返して反対から切る

### ③フレームに銃身をとりつける

　フレーム２本に銃身を挟み込み、輪ゴムでしっかり束ねるだけだが、強く束ねるにはやはりコツがいる。最初は３本とも同じような長さで持ち、端の方でしっかり束ねる。できたら輪ゴムをクルクル転がして奥の方に移動し、２本目の輪ゴムもしっかり束ねる。

しっかり束ねてから輪
ゴムを奥に移動

２本目の輪ゴムもしっ
かり束ねたら、真ん中
の銃身を引っ張り出す

### ④フレームにトリガーとグリップをとりつける

　フレームの間にトリガーとグリップをはさんで固定する。あとで位置を調整するので、とりあえず次の図のような位置に固定しよう。トリガーは少し緩めにして動きやすいように。グリップは動かないようにしっかり巻きつけて固定する。

第７章　保育環境の一つとしての遊びとおもちゃ　101

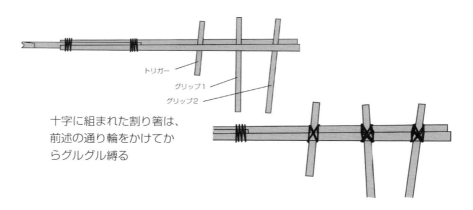

十字に組まれた割り箸は、前述の通り輪をかけてからグルグル縛る

⑤スペーサーと連射装置をとりつける

　グリップの間にスペーサーをはさむ。しっかり固定したつもりでも、たくさん遊ぶとグリップが握られてずれてしまい、つぶれてきてしまう。しまいには2本並んでくっついてしまうことも。そこで切れ端をスペーサーとしてフレームの間に忍ばせる。その上から連射装置を縛り付けると、スペーサーも固定される。連射装置は羽交い締めのような形で固定すると丈夫になる。

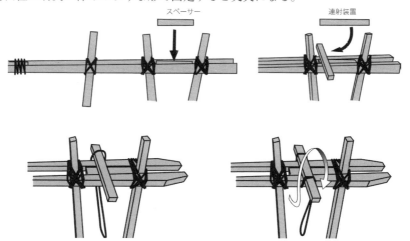

かけた輪ゴムを伸ばして下をくぐらせる　　こちらの出っ張りにかけたら、またくぐってむこうにかける　　最後にどちらかにかける

102　第Ⅲ部　おもちゃ・ものづくり

⑥トリガーに戻る用の輪ゴムをとりつけて完成

　トリガーに輪ゴムの弾をセットすると、その輪ゴムの力で引っ張られてしまい、弾が外れてしまう。そうならないように、反対に引っ張る輪ゴムをとりつけて完成する。

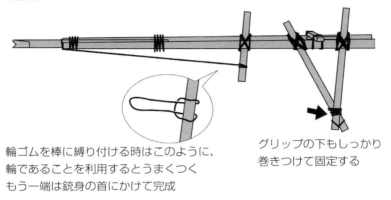

輪ゴムを棒に縛り付ける時はこのように、
輪であることを利用するとうまくつく
もう一端は銃身の首にかけて完成

グリップの下もしっかり
巻きつけて固定する

⑦弾をセットして撃ってみよう

　単発の発射は非常に簡単だ。先端の切り欠きとトリガーの上に輪ゴムをかけて、よくねらってトリガーを引くだけである。先に先端にかけるのと、先にトリガー上にかけるのはどちらがやりやすいか、人によって違うところだが、連射にむけて先端から先にかけてセットする方法で覚えてもらうといいだろう。

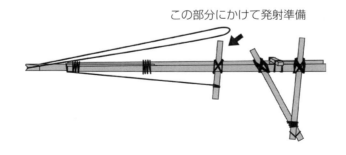

この部分にかけて発射準備

第7章　保育環境の一つとしての遊びとおもちゃ　103

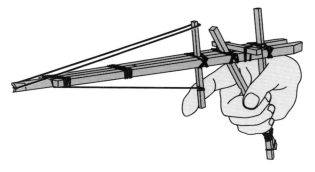

弾をセットする時は、予期せず弾が出てしまうことがよくあるので、銃身を人に向けずにセットしよう
単発で的を倒してみるなど、狙う練習をかねて遊ぼう

⑧アレンジしてみよう

　手の小さな子どもが持てるように、グリップの位置やトリガーの位置を調整してあげよう。また、銃身の位置を変えて突き出しの長さを調節することで、弾の威力も調節できる。遊ぶ子どもの年齢や、遊び方に合わせて調節しよう。

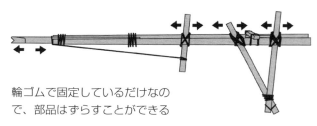

輪ゴムで固定しているだけなので、部品はずらすことができる

グリップを前に移動すると、威力が減る
後ろに移動すると威力が増す
弾の輪ゴムの大きさでも調節できる

⑨連射してみよう

　単発でちゃんと遊べるようになったら、連射に挑戦しよう。輪ゴムのかけ方を工夫するだけなので、子どもでも覚えたら連射できる。それぞれの部品の微妙な位置関係でうまくできたりできなかったりするので、まずは2連射ができるように練習しよう。

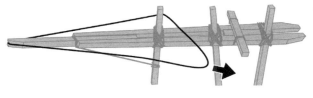

まずは１つ目の輪ゴムを普通にかける
かけたまま輪ゴムを伸ばす

伸ばした輪ゴムを連射装置の下にくぐらせる

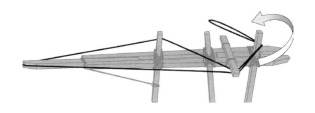

くぐらせたままさらに伸ばして、グリップの後ろを回り、

最初のトリガーに後ろからかける
このままだとすぐに輪ゴムがはずれるので、トリガーをまっすぐに支えておく

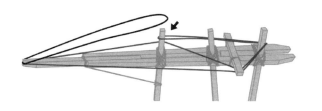

後ろからかけた輪ゴムが外れないように、次の輪ゴムを先端とトリガーの上にかけ、そっと手を離して２連射の準備完了

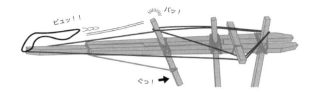

トリガーを引いて1発目を撃ったら、ゆっくりトリガーを戻す

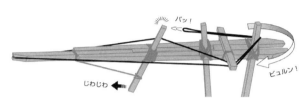

1つ目の輪ゴムがトリガーから外れ、後ろを回って最初にかけたトリガーに戻る
ちゃんとトリガーに戻ったら、2発目を撃って2連射が完成

もしちゃんと戻らないようなら、連射装置の位置や、トリガーの位置を調整し、グリップの上の突き出しを減らしたり工夫しよう

⑩ 3連射・4連射してみよう

2連射ができるようになったら、二つ目の輪ゴムも同じようにかけるだけ。一つ目の輪ゴムの上から先端にかけトリガーにかけた状態から伸ばして、連射装置の下をくぐってグリップの後ろを回ってからトリガーにかける。うまくいくと4連射もできるようになる。

⑪ 遊び方

学生に遊び方を考えてもらうと、どうやらダーツやアーチェリーのようなイメージが強いようで、的をみると同心円状にして点数を書く場合が多い。遊びながら数や計算に触れて、興味を広げられる素晴らしい活動になりそうなのだが、これらの輪ゴムの鉄砲は弾が的に刺さったり、当たった場所に痕跡が残らないため、ゲームとしては成り立ちにくい。

やはり射的のように、当たったら倒れるなど判定がわかりやすいものがいいのだが、実際にたくさん遊んでみないと、どの程度の大きさのものが的として適当かわからない。連射の輪ゴム鉄砲は厚紙の弾ほど威力もないので、遠くの紙コップではびくともしないということになる。

せっかく連射の機能があるので、近くに並べた紙コップを連続で倒すなど、連射ならではの遊び方を作り出して欲しい。

■輪ゴムで発射する紙飛行機

紙飛行機は遊べる手作りおもちゃの代表選手だが、投げる位置の低い小さな子どもにはうまく飛ばすのが難しいものである。そこで、よく飛ぶ紙飛行機と、それを発射する輪ゴムの発射装置があれば、小さな子どもでも遠くへ飛ばしたり、高く飛ばしたりいろいろできるようになって楽しく遊ぶことができる。

材料：A4の厚めの紙（上質紙やプリンタ用紙など）
割り箸1膳　輪ゴム3〜4本
セロテープ
道具：はさみ

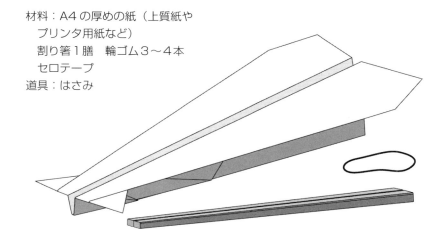

①紙飛行機を折る

ここではヘソ飛行機と並んで昔から伝わる、イカ飛行機を紹介する。発射台がなくてもよく飛ぶので、ぜひ覚えてもらいたい折り方だ。各地で折り方が少しずつ違うが、いろいろ試して一番安定して飛んだ折り方を紹介する。

第7章　保育環境の一つとしての遊びとおもちゃ　107

縦に半分に折る　　　角を三角に折る　　　　　　　一度広げる

裏返して
反対も

### ポイント「紙飛行機先端の三角の折り方」

　紙飛行機の折り方によく登場するこの三角屋根の折り方は、縦に半分に折った紙を広げてから折ると説明されていることが多い。実はこの「広げた時の折り目に合わせて上手に折る」というのは、かなり難しいことである。目標がただの折り目なので見えにくく、先端部分は実際に折ってみる感じにしないと、合うのかどうかわかりにくい上に、折り目を越えてしまうことも多い。

　そこで、目標をはっきりできる上に、先端部分は折り目を越えることができないように、半分に折ったまま片方ずつ三角に折ってみよう。しかも折り目にぴったりよりも少し手前で折る方が、後々都合がいいので少し大雑把に隙間が残るように折る。

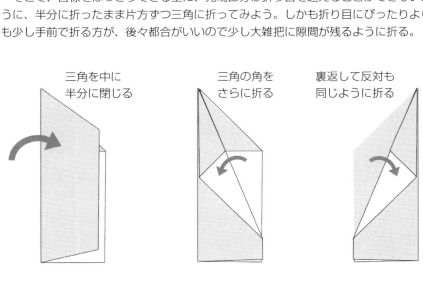

三角を中に　　　　　　三角の角を　　　　　　裏返して反対も
半分に閉じる　　　　　さらに折る　　　　　　同じように折る

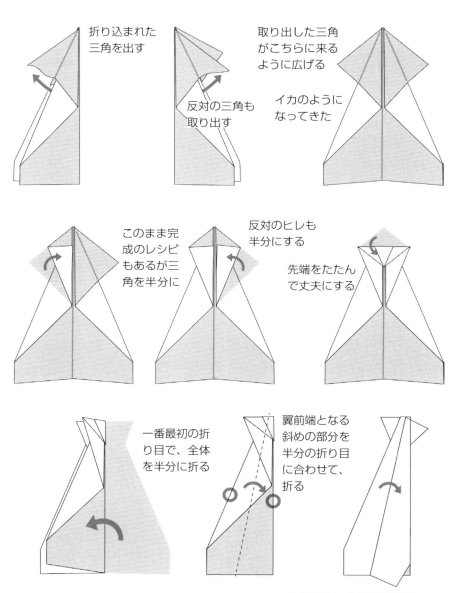

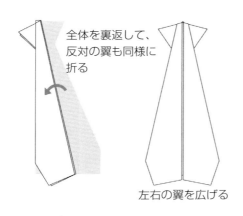

②紙飛行機を調整する

　紙飛行機は折って完成と思われがちだが、飛ぶように調整してやっと完成になる。基本は正面から見て左右同じくなるように。

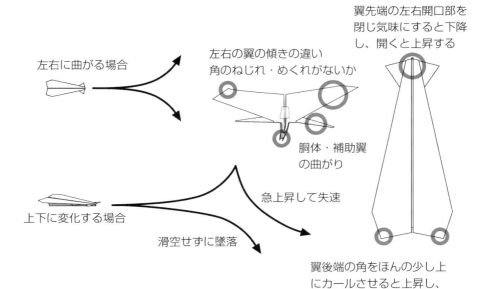

③輪ゴムで発射できるように加工する

　紙飛行機は折る作業だけで完成し遊ぶ場合が多く、手で投げて飛ばすにはそれで十分なのだが、輪ゴム発射台で遊ぶにはちょっと弱い部分があるので、テープで補強し、輪ゴムのかかる部分を加工する。

テープを半分貼り、はみでた残りを裏へ回す

この部分にハサミで切り込みを入れる

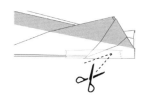

持つ所はここなので、目印としての役割も

輪ゴムに引っ張られて壊れやすいので、テープで補強

④　発射台をつくる

　構造はいたって簡単で、棒に輪ゴムをつけるだけ。ただ、輪ゴムが１本だと伸びる長さや強さが全然合わないので、何本かをつなげてちょうどよくしよう。輪ゴムの大きさや、子どもの引っ張り具合によって必要な長さは変わるので、実際に遊びながら調節する。

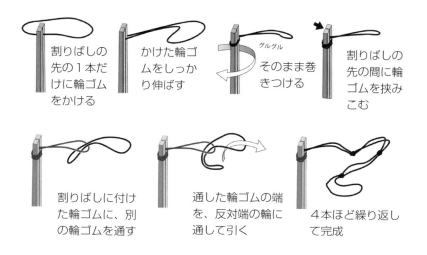

割りばしの先の１本だけに輪ゴムをかける

かけた輪ゴムをしっかり伸ばす

そのまま巻きつける

割りばしの先の間に輪ゴムを挟みこむ

割りばしに付けた輪ゴムに、別の輪ゴムを通す

通した輪ゴムの端を、反対端の輪に通して引く

４本ほど繰り返して完成

⑤発射台で飛ばしてみよう

　飛ばし方も非常に簡単。飛行機の切り欠きに輪ゴムをかけて、伸ばしたら飛行機を持つ手を離すだけ。文字で書いてみると非常に簡単そうだが、長くつなげた輪ゴムがフラフラするので、実際にやるのはなかなか難しい。両手と眼の協応が必要で、かけるのにちょっと練習が必要なのだが、楽しい事なのできっとたくさん練習して習得してくれる。

　ひっかけることに集中して飛行機をわしづかみにしてしまう子どもも少なくないが、細かく注意するよりも、まずはなんとかしてひっかけて飛ばしてみることの方が大事なので、ゆっくり見守りたい。慣れてきたら翼の変形を防ぐ持ち方で、遠くまで飛ばせるように練習しよう。

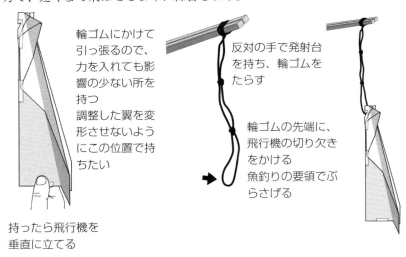

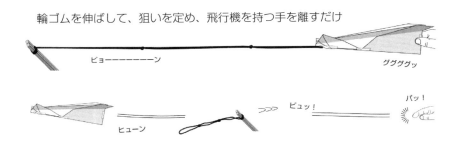

第Ⅲ部　おもちゃ・ものづくり

⑥ 飛ばし方のアレンジをしてみよう

　片手で発射台を持ち、もう片方の手で飛行機を持って狙って飛ばすのは思いのほか難しい作業なので、少し小さな子どもでも遊べるように展開してみよう。発射台はテーブルや椅子にくっつけてしまい、輪ゴムの端を持って両手を使って飛行機の切り欠きにかけられたら、作業がぐんと簡単になる。

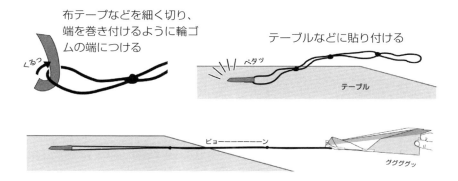

⑦ 体育館などでの飛ばし方

　風のない広い園庭や、体育館など広くて高い空間がある時は、思い切って上に飛ばすと時間をかけて滑空して降りてくるので、より楽しめる。ただ、真上に飛ばしてしまうと宙返りをして墜落してしまい、うまくいかないので、斜め上を狙うのと、機体をねじって傾けるのがコツである。より深く知りたい場合は、たくさんの情報が書籍やインターネットで見つけられるだろう。紙飛行機は奥が深いので、いろいろな人たちが日々研究をしているのだ。

■ 紙製バンドのボール

ここで使うのは紙製の帯ひもで、黄色いPPバンドの登場までは梱包資材としてたくさん出回っていたものである。現在では、かごやバッグなどを編む手芸の材料として浸透していて、100円ショップにも色付きのものが出回っている。エコクラフトやクラフトバンドなどの名前でいろいろなタイプのものが売られている他、ホームセンターなどでは梱包用資材として400m巻きのものも売っている。

その紙製のバンドを使ったボールの作り方を紹介したい。全体が丸くつるんとした通常のボールと違って隙間だらけなので、すごく小さな子どもでもつかむことができ、そして投げられる優れものである。また、紙製なので非常に軽く、当たってもそんなに痛くないのも優れた点である。水とつぶれには弱いが、投げたりぶつけたり蹴ったりには非常に強く、そうそう壊れることはない。男子学生が本気で野球をやったらクタクタになってしまったが、崩壊することはなかった。

材料：エコクラフトなどの紙製バンド2m
道具：定規　ハサミ　洗濯バサミ10個　木工用接着剤

**ポイント「ボール編みの基本の三角《三すくみ》を理解する」**

ここで紹介する6本の帯で作るボールは、3本の帯の組み方《三すくみ》がわかると簡単に作ることができる。《三すくみ》とはじゃんけんの関係で説明するとわかりやすい。グーはチョキには勝つがパーには負けて、チョキはパーには勝つがグーには負ける。三者がそれぞれ勝ち負けの関係になり、これらの関係を帯の重なりで表現すると次の図のようになる。

黒をグー、グレーを
チョキ、白をパーと
してみる

グーはチョキより強
いので、上に重ねて
ふんづける

パーはチョキに負けるので
下になるがグーには勝つの
で上にくる
三本で作るこの三角が基本

① 材料を切り分ける

　通常の紙製バンドは12〜13本の紙ひもが並んでできていて、幅が15mmほどのものである。この幅のままちょうどよい球形になるには、30cmほどの長さが必要で、短かいと作れなくなり長すぎるとブヨブヨになってきれいな球形にならない。メーカーにより幅や厚みが違うので、実際に作ってみて調整してほしい。

　今回は13本のもので幅も16mmあり、厚めの紙製バンドを使用するので、のりしろを入れて31cmで切る。この時、最初の1本をずっと定規にしないと、だんだんずれが大きくなり、長さが変わってしまう。1本を正確に測って切ったら、その1本を定規にして同じものを5本切る。紙製バンドのような厚手のものは、ハサミを大きく開いて奥の方で切らないと上手く切れない。6本のうち1本はあらかじめ輪にして接着しておくと作業がスムーズになる。

| 紙製バンドは表面が凸凹なので、接着剤を塗って撫でてしまうとつきにくいポツポツと立体的につけよう | 数分固定しておくと、とりあえずの仮止めができる | 引っ張ると剥がれるが、無理しなければ大丈夫なので、この状態で次に進む |

② 基本の三角《三すくみ》を作る

まずは3本で基本の三角を作るが、あとの展開のために先ほどのじゃんけんの見本とは違う角度で作り始める。最初の1本を縦に置き、それに付け加えるようにして三すくみになる三角を作る。縦をもう1本加えることで、連続した三すくみに。

| 縦に置いた1本に、60度ほどの角度でもう1本を重ねる | 反対の60度の角度で3本目を加えるが、2本目より上で1本目より下になるようにして三すくみに | 右側に縦のバンドをもう1本加えると、最初の三角と向かい合うようにもう一つの三角ができる |

③ 5本目を足して《星》を作る

　縦の２本に直行するように５本目を加えて三すくみを増やすと、角度を調節することで星が一つできる。三すくみを５個集めたこの星がボールを作る上で重要になる。

| ５本目を水平に追加 左上と右上でそれぞれ三すくみになるように | 縦の２本の上を狭めていき、交わった時に三すくみになるようにすると、星が現れる | 星が壊れないように作業をする必要があるので、洗濯バサミで星を固定する |
|---|---|---|//

④ 最初の輪と星を組み合わせる

　星はまだ平面的だが、最初の輪と組み合わせていく過程で立体になり、球になっていく。ここでは作業の便宜上星を人型に見立てて、上から右回りに「頭」「左手」「左足」「右足」「右手」とし、それぞれの先に出ている部分を使っていく。

| 頭の先に出ているバンド２本と輪の１本で基本の三角を作り、洗濯バサミで固定する | 次に左手の先の２本と輪で基本の三角を作る無理やり引き寄せて固定する | 次に左足の先と輪で基本の三角を作るが、輪の残りの部分で右手右足が入れるように |
|---|---|---|

同じく右足の先と輪で
基本の三角を作り、続
けて右手の先で作る

上から見るとこの状態
星を固定していた洗濯
バサミは外してしまっ
て大丈夫

頭の先の2本のうち、輪
の中に入った方と、左手
先の2本のうち輪の外に
出た方が輪を越えたとこ
ろで出会い、三すくみを
作ることができる

⑤星と輪が組み合わされると、半球ができる

　星の頭と手足5ヶ所すべてを基本の三角にできると、半球ができてくるので
ボールの形が見えてくる。

輪を越えたところで
5ヶ所の三すくみがで
きると、洗濯バサミを
外しても壊れない

輪を越えたところで星
をもう一つ作るため、
三すくみ二つ分の4本
を長めに引き出す

4本を互い違いに組み
合わせると、二つの三
すくみが作れ、逆さま
の星ができる

⑥接着していいバンドを見つける

　輪を越えたところで星が一つできると、その両隣にも星が作れるようになる。
3つ目の星ができる時には、接着しても大丈夫な「1周しているバンド」を見
つけることができる。

| できた星の右隣に星を作るために短いバンドを少し引き出すと、星にできそうで、一周しそうなバンドがわかる | 星の形が見えたら、バンド同士の前後関係もわかるので、木工用接着剤を付け固定する | 同じく左隣にも星を見つけ、接着していいバンドを見つける。下図では黒いバンドがそれ |
|---|---|---|
|  |  |  |

⑦ 星をふやして、さらに接着して大丈夫なバンドを見つける

　左隣の星ができたら、残りのバンドは3本。3すくみができそうなところは作ってしまい、前後関係を確かめながら接着していく。

| 左隣の星で見つかったバンドを接着し固定する作業性を考え下から固定 | 反対側を見ると接着されていないバンドの端が3セット見える | 三すくみを作り前後関係がわかったら、接着して固定する |
|---|---|---|
|  |  |  |

⑧ 残りのバンドを接着

残り2本のバンドを見ると、さらに三すくみにできそうなところが見つかる。最後の方は固定している洗濯バサミが邪魔になるので、数分待ってそっと外してから残りの作業をしよう。また、長さが合わずに作業しづらければ、バンドを引き出してずらし、作業しやすいところで接着しよう。

下図中央で三すくみが作れそうだが届かない

バンドを引き出してずらし、三すくみができるようにする

下になるバンドがわかったので、先に接着し固定してしまう

⑨ バンドをすべて接着し仕上げる

最後のバンドを接着し球体ができるが、そのままだと接着部分が引っかかり、はがれることもある。バンド同士はくっついてはいないので、接着部分をずらしてこわれにくくする。

最後のバンドが三すくみになったら、接着し固定する

すべてのバンドが接着できたが、接着部分がむき出しで、遊んでいるうちにひっかかってしまう

輪になっているだけなので、バンドをずらして回し、接着部分を別のバンドの下に隠す

ポイント「よくころがるボールにする」
　接着部分はバンドが2重になっているので、他の部分よりも重たくなる。6本のバンドの接着部分が近くに集まってしまうと、重心が偏ってしまい、まっすぐ転がすのが難しくなる。なるべく接着部分を分散して、重心が偏らないように気をつけよう。

⑩ アレンジしてみよう
　紙製バンドは、段ボールの色のものと白いものが梱包資材として400mで売られているので、白いものを使うと組み立て前に色をつけたりもでき、カラフルなボールができる。また、100円ショップや手芸店にはいろいろな色のものや、縦の縞模様の入ったものが売られているので、それらを使うと簡単に綺麗なボールができる。
　色や模様だけではなく、大きさもいろいろアレンジできる。ここでは売っているままの幅で作ったが、縦に裂いたら細いバンドができるので小さいボールも作れる。また2本並べて接着し、太いバンドで大きなボールも作れる。また、編み方で大きさも変わるので、同じ太さでも10本で編むと大きなボールができる。

紙バンドを半分に裂いて作る小さなボール

紙バンドを並べて太くした大きなボール

違う編み方の大きな10本編みのボール

半分の幅の場合、厚みの影響も大きくなるので半分より長い17cmくらいだと作ることができる

2本の紙バンドを並べて接着するために、もう1本を真ん中に重ねてのりしろに
長さは約倍の65cm

星の周りに六角形ができるように編んでいくと、大きなボールができる
この紙バンドでは63cm

第7章　保育環境の一つとしての遊びとおもちゃ

⑪ 遊んでみよう

　紙製バンドのボールは、バンド1本を摑めたら持つことができるので、かなり小さな子どもでも遊べる。乳児がこのボールを作るのは無理だが、大人が作って一緒に遊ぶことはできるので、ぜひたくさん作って遊んでほしい。
　ちょっと大きな子どもたちと、たくさんのボールで遊ぶ時は、段ボールの荷造り用のPPバンド（黄色いプラスチック製のバンド）が便利だ。非常に丈夫で安価で手に入るし、色も各種あるので、色を分けることで遊びの展開もいろいろ考えられる。ただし接着剤はほとんどつかないので、強力タイプの両面テープで接着しよう。
　また、このボールはあまり弾まないので、マジックテープなどを使って、的に貼りつく的あてのような遊びにも展開できる。数に興味を持つ年齢なら、くっついたら1点として数人で合計を競ったり、チームで色の違うボールを使っていくつ着いたかを比べても面白い。
　小さな子なら的を大きく、大きな子なら的の大きさで点数を変えてもと、遊びながらどんどん展開させて、子どもと一緒に遊びを作っていくのがいいだろう。

⑫ 実際の制作にむけて

　実際に子どもと制作する場合、事前に何個も作って手順と作業を完全に把握してから取り組みたい。また、子どもたちに説明するための工夫を十分に準備して臨みたい。私自身も少人数の造形教室では、たまにこのボール作りは実践していて、幼稚園児でも手伝いながらじっくり取り組めば、ちゃんと作ることができることは確認している。
　だが、専門学校の学生全員に同時に伝えるのには大変苦労することも、かなり早い段階で確認済みである。実際にやってみせるのがやはり一番伝わるのだが、学生全員に見せて歩くのは時間がかかりすぎる。手元を大きく写す書画カメラなど実物投影機のような機材で、実際の作業を見せたり、あらかじめ作る様子を撮影した動画などがスクリーンで映し出されるとわかりやすい。
　これはきっと子どもたちにも同じことが言えるだろう。実際に何がどうなるか、大きく映像で見られることのメリットは大きい。大きな見本を事前に作っ

て大きな動作でやってみせるのもいいが、実物で見本を見られた方が自分の作業に置き換えやすい。

最近ではスマートフォンやタブレットなどで簡単に動画の撮影・編集ができるので、あとは出力の仕方を工夫するだけで効果的な見本をみせることができる。HDMI などに変換できる適当なケーブルを用意できれば、スマートフォンからプロジェクターに直接出力もできるし、Wi-Fi や Bluetooth でワイヤレス接続できる機種も増えてきている。うまく導入できれば、折り紙などの説明も楽になるのではないだろうか。

## 7. 手作りおもちゃの完成とは

手作りおもちゃをほんの少しだけ紹介したが、まだまだ手作りで楽しく遊べるおもちゃがたくさんある。書籍やインターネットなどをみれば、無数の手作りおもちゃの作り方が見つかるだろう。

冒頭でも述べているが、手作りおもちゃには、子ども自身が作ることで何かを得られるという面が大きくあり、そこが取り上げられることが多い。手先の器用さや各機能の協応などの個人の身体能力への影響がそれだ。だが、身体的なことばかりだけでもなく、真剣に作ることで得られる集中力や、仕組みを考える力、おもちゃへの愛着など情緒面でも得られるものは大きい。

また、大人が作ってあげることでも、得られるものがちゃんとある。子どもが感じる、作ってくれた相手への感謝や愛情はもちろんだが、作る側にもあるのだ。子どもに何かを作るとき、必ずその子どものことを考えながら作ることになる。こうしたら喜ぶだろうか、こういう遊び方をするのかな、こんな工夫をすると危なくないなど、子どもの実態を思いめぐらせながら作ることになるのだ。これは言い換えれば作ってあげる子どもに向けての愛情を育んでいるということになる。これも手作りおもちゃの持っている素晴らしい一面であると言えるだろう。

そして、これらの手作りおもちゃは、できあがった時点で完成ではない。できただけではその役割はまだ十分に果たされていない。できたおもちゃを使って、子どもたちが楽しく豊かに遊ぶことで、手作りおもちゃはやっと完成する

のだ。それどころか、たくさん遊ぶ中でいろいろな発見があり、さらに進化することの方が多い。子どもたちの発見と進化のきっかけを見逃さずに、一緒に作ったり遊んだりしてくれる大人が、たくさんの子どものそばにいてくれたら、すごく素敵なことだと思うのだ。

（高橋由紀雄）

# 第8章　幼児でのものづくりから小学校へ

　ここでは、幼児教育のものづくりを小学校とのつながりの中で考えていきたい。ものづくりでも、幼児教育から、さらには小学校・生活科（"手"への着目）として、その後の理科や社会での展開へとつながっていく。
　ここでは下記の4つの領域に絞って考える。

## 1. 幼児期の感性・体験感覚から、根拠・法則性を探る

（1）うまくいかないこととの対峙——働きかけによる思いと想いとズレ：ものづくりに着目して

　手の働きと脳との関係としては、手を動かすことにより脳の発達が促進され、脳の発達に応じて手の働きも発展していく。この点では感覚は働きかけることによって脳との連携でつくられていく。
　ここでは、ものづくりとして、身近な素材として、紙一枚のものづくりに着目する。
　紙等を利用してのものづくりにおいて、保育者等大人がつくってあげるという方法的な視点が強く思われがちだが、子どもなりの自分のつくったイメージと、うまくいかない葛藤やズレとの対峙、支援も意味があり、そのことを踏まえての展開も重要である。
　これらの基本は、やってみる・おどろき・ふしぎ・なぜという土台の上に成り立っていくことである。ここでは4つの点に着目する。

①まずは素材感覚を養う：やってみよう・試みる、はたらき・機能を探る・試みる。
②また、気持ちに応じての表現行為の重要性：ここでは、知識が優先ではない。ものづくりでの思い・想いや自分のイメージの表現を大事にしたい。特に、つくろうとする自分のイメージ・表現を大事にしたい。
③当然のことながら、表現と思い通りにはいかない自分のイメージとのズレや乖離が生ずる。このズレと葛藤を大事にしよう。手順通りでうまくいかないことも悪いことではない。
④乖離との対峙：修正・試行錯誤の重要性
働きかけても実現は保証されない。そのために自分との対峙と、その対峙への支援試行錯誤行為がある。錯誤・誤謬は新たな発展の基礎にもなる。

◆◆◆◆◆◆◆◆◆◆◆◆◆◆◆◆◆◆◆◆◆◆◆◆◆◆◆◆◆◆◆◆◆◆◆◆◆

**やってみよう**

ここでは、紙を利用してやってみようという働きかけや、思いや気持ちの表現を大事にすることを試みる。

どのような働きをイメージするのかというと、例えば紙一枚で、

　　　　　ヒラヒラ
　　　　　クルクル
　　　　　スイスイ

などに対応して、紙を切って飛ばすことを試みる。

場合によっては、できあがったものを表現してみることも意味がある。折り紙から紙飛行機を作る・飛ばす以前に、紙一枚でも多くの試行錯誤を経ることの面白さ・大変さを感じてもらいたい。

◆◆◆◆◆◆◆◆◆◆◆◆◆◆◆◆◆◆◆◆◆◆◆◆◆◆◆◆◆◆◆◆◆◆◆◆◆

紙を利用して運動の仕方を探ることは、どうしてこのような形となるのかを、生物的な植物のタネの形や、動物の羽の形等の生き様から探ることにもつながる。そこには、タネを遠くまで送る植物の生き様と知恵が背景にある。

これらの簡単なものづくりでも、小学校から先での科学的な見方・考え方の

基礎的な土台となっていく。

　小学校との接続においては、ものづくりの展開は、小学校・低学年の生活科や、中学年の教科（とりわけ社会・理科）とつながっていくこととなる。

①小学校低学年の生活科でのものづくり
　　例えば「手」の役割に着目しての展開。人間の手の働きが展開したものとして各種道具・機械等を考えていくことができる(1)。例えば"回す"という行為の展開はドライバーとして位置づけることができる。身の周りの道具もその展開といえる。その基礎的な視点として「手」への着目等が生活科として位置づけることができる。
②社会科のものづくりとして
　　社会科の基本は人間の生活から始まる。『社会科の授業をつくる会』(2)では、人間の手の働きに着目して、その視点から社会・歴史の基礎としてのものづくりに着目している。人間社会の意味を二つの局面で考えていくことができる。一つは人間の他との関わりの中で生産活動が行われているという側面、もう一つにはものをつくる過程そのものの考察という側面である。その基礎的な生産・ものづくりから社会の歴史を考えるという視点は、社会科の大きな土台となる。
③理科として
　　素材感覚としてのものづくりと科学的概念の法則理解へとつながる展開などが発展課題となっていく。現在では、おもしろ理科実験として青少年科学館等で紹介されることが多い。

　おもしろ理科実験はもともとは、愛知県の理科教育グループが、「多くが理科ぎらいになって入学」する中で、「私たちはそんな彼らの目を輝かせ、科学への好奇心を呼びさますために、様々な"なげこみ教材、実験"を追試・改良・開発・普及してきました。旧来の実験だけでは生徒が理科を好きにならないからです。生徒が"あれ楽しかった。もっとああいうのをやって"といってくれる実験がいっぱいほしかったのです。楽しい実験には何かがあります。楽しいものを授業にかけていくと、生徒や私たち自身の科学についての考えを深めるのに大切なものがいっぱいみえて」くるとして取り組み、その後は、東京

等のグループも現れ、多くの本が出版されている[3]。

### （2）動かしてみるなどの働きかけを介しての感性・感覚の重視

　基本的視点として、"物事の法則性に気付き、自分なりに考えることができるようになる過程を大切にすること"が重要で、働きかけることによる法則性の探索過程や導入を大事にしたい。
　働きかけた度合いに応じての法則性探求においては、
　①働きかけの不思議の感性・体感を重視して、自分なりの表現：とりわけ動かしてみる感覚の重視
　②そこから導出される法則性でのあそび
　③そして、より高次の展開へ（小学校以降との接続）
　動かすことによって対象の特性を考えていくとは、一般的に通ずる課題でもある。外からの眺めだけでは特性を理解していくことにならない。ただ単なる動きを知るだけに過ぎない。
　この働きかけを、ここではバランスをとるということを例にあげてみよう。

◆◆◆◆◆◆◆◆◆◆◆◆◆◆◆◆◆◆◆◆◆◆◆◆◆◆◆◆◆◆◆◆◆

### やってみよう

　　ボール紙などを利用して適当な形をつくり、一点をおさえて回してみよう、動かしてみよう。
　　一点を押さえる（クリップで押さえて）と右周りになったり、左周りになったりする。そして勢いよく回すにはどのような工夫をしたらよいだろうかなどを考えてみたい。
　　両方の回す力が釣り合うと動かなくなる。
　　資料：回してみよう

◆◆◆◆◆◆◆◆◆◆◆◆◆◆◆◆◆◆◆◆◆◆◆◆◆◆◆◆◆◆◆◆◆

簡単なことのようだが、バランスが取れている法則の理解としては"やじろべい"という左右が対称のものをイメージしがちだが、バランスという法則においては、まずは動的に回るという動きに着目しての楽しさから出発したい。右に回って動く・左に回って動くことのおもしろさから、どちらにも動けなくなる法則に導かれていくこととなる。
　この働きかけての動的な感覚が重要である(4)。そうすることによって、バランス点を探していくことのおもしろさと、うまくいったときの体感を大事にしたい。重心をみつけると、そこではバランスがとられて動かない。
　同様な感覚を重視するものとしては、音の震えに着目したい。
　幼児の場合には、糸を電話として利用すると絡まってしまう可能性があるので、アルミなどのやわらかい針金を利用して電話をつくってみるとおもしろい。ハウリングなども生じて、自分の声が響いてくることがわかる。

◆◆◆◆◆◆◆◆◆◆◆◆◆◆◆◆◆◆◆◆◆◆◆◆◆◆◆◆◆◆◆◆◆◆◆◆◆◆◆

### やってみよう

　紙コップに糸をつけて、そのゆれを体感しよう。
　また、それはやがては糸電話等にもつながっていく。アルミなどの針金で紙コップを利用して声を出してみよう。二つつなげると糸電話のアルミバージョンとなる。
　資料：紙コップで糸がふるえる
　アルミの針金利用での電話
　（柔らかい針金だが、扱いには気をつけて）

◆◆◆◆◆◆◆◆◆◆◆◆◆◆◆◆◆◆◆◆◆◆◆◆◆◆◆◆◆◆◆◆◆◆◆◆◆◆◆

### (3) 小学校との接続ではなぜ・どうしての法則理解へとつなぐ

小学校理科ともつながっていくような事例を二つ挙げておく。

一つは水と空気との交換で、ペットボトルを利用して簡単にできるものづくりとなる。ペットボトルのふたに穴をあけ、水を入れて逆さまにして水を出すというものである。穴の大きさに依存しているので、一つだけでは、穴があいているにもかかわらず水が出てこない。また、ぽとぽとと空気と入れ替わりながら出てくる、または、スムーズに出てくるなどが考えられる。逆さまにしてペットボトルの上部に小さくとも穴をあけると、スムーズに水が出始める。これらは水と空気との交換を意味していて、身の周りの醤油さしなどの穴が二つあることにも着目させたい。

◆◆◆◆◆◆◆◆◆◆◆◆◆◆◆◆◆◆◆◆◆◆◆◆◆◆◆◆◆◆

#### やってみよう

穴をあけた場合と上部にあけた場合の、水の出る音をきいてみよう。

水と空気との交換

ペットボトルの資料

最初は上には穴をあけない。後であける。ふたを取って水を流す工夫をすると真ん中に空気の通り道が渦としてできる。

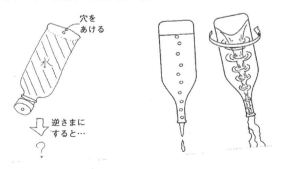

◆◆◆◆◆◆◆◆◆◆◆◆◆◆◆◆◆◆◆◆◆◆◆◆◆◆◆◆◆◆

もう一つはガラスのコップを利用するもので、水を入れるだけのことである。たかが水を入れただけで、何もないように思えるが、普段は気が付かないだけ

で大人でも見過ごしている。コップを水を入れない状態で手で持ち、次にコップに水を入れると……

　不思議なことに手が見えなくなるのである。簡単なのでやってみよう。手を濡らすと今度は見えてくるようになる。屈折の不思議さが現れている。

**やってみよう**

　透明なコップに水を入れて、コップを握っている手をみてみよう。

　簡単にできることなので、水を入れて横からではなく、斜め上から見てみよう。見えるはずの手が見えない。

　これらは簡単にできることなので、なぜという考えにつながる簡単なものづくりということになる。

## 2. 身の周りの野菜や果物のタネを出発点として

《身近な事象や動植物に対する感動を伝え合い、共感し合うことなどを通して自分から関わろうとする意欲を育てる》としている。ここでは植物、とりわけ野菜や果物のタネに着目し展開する。《身近な事象や動植物に対して不思議さなどの好奇心や探究心をもつ》。

　※《　》は幼稚園教育要領から（以下、同様）

### （1）身の周りの、よく食べている野菜や果物のタネを出発点として

　自然・生き物に着目して、とりわけ植物に着目したい。身の周りの植物としてタンポポやシロツメクサといった雑草等があるが、最初の段階で、雑草をそ

の「生き様」に踏み込んで理解するところまでは、位置づけることはできない。名前だけで終わってしまう可能性がある。また、子どもたちにとって野菜や果物は"食べもの"であって、植物としては位置づかない。普段、食べているキュウリなどが野菜だといわれていてもわからないこともある。

　植物の生き様としては、身の周りの野菜や果物からの方が導入展開しやすい。その上で、雑草へ拡張することも可能だし、また野菜や果物のタネに着目しての栽培へとつなげていくこともできる。

　ここでは、見慣れている野菜・果物のタネの有る無しに着目して植物の生き様を考える[5]。

　まずは、興味・関心の入り口として身の周りの植物・野菜にもタネがあるのだろうかという見方に着目していきたい。料理を介して食べる行為を行う中では、簡単に着目できる点でもある。

（2）まずはタネがあるかないかで区分してみる。タネになりそうな痕跡にも着目しておこう。

◆◆◆◆◆◆◆◆◆◆◆◆◆◆◆◆◆◆◆◆◆◆◆◆◆◆◆◆◆◆

**やってみよう**

　タネに着目して野菜や果物を分けてみよう。
　植物への視点としてはタネがあるかないかに着目して、
　①切るとタネがあり、
　②切っても切ってもタネが出てこない
　その背景には
　・そのタネは、撒かれて子どもを増やすために
　・タネのない部分は、植物にとっては重要な部分で、簡単に食べられないような工夫が隠されている。

　また、①でも、その途中過程のタネ未完成状態のものもある。多くは食用の野菜として位置づけられている。大まかな分けかたに着目しておこう。間違えそうなものもあるので、みんなで考えよう。

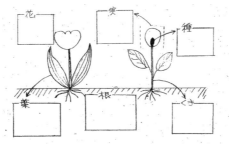

　成長途中のタネは、やがては大きくなり、その途中を私たちは食べていることとなる。固いタネはないが、タネになる痕跡が未熟ではあるが存在する場合、そこではよくわからないが食べてしまっていることが多い。その後の成長では固くて、植物の食べている部分の色も変化していく。ここには、植物の生き様があり、食べてしまうと、わからなくなってしまうが、その後も変化していくのである。例えばナスやキュウリのタネも成長し、全体の色も変化する。ここで初めて野菜・果物の生き様の一端が現れてくることとなる。

　ジャガイモはけっして、人間のためにあるのではなく、植物そのものの生き様として冬を越すための貯蔵庫としての役割があり、春になるとその役割は終わり新たな成長へとつながっていく。このような視点の変化を求めていきたい。植物のタネに限定しても、漫然と見ていたのでは見えない。果物や野菜に働きかけて、気をつけると、いろいろなケースが考えられる。

(3) このタネに着目すると植物の生き様と人間の食べる視点との二つ視点がある。
　①植物の視点：生物の生き様として
　②人間の視点：人間の働きかける視点として
　その二つの視点のせめぎ合いとして考える。
　ここには、植物たちの食べられる工夫（タネがある果物等）、そして植物たちの食べられない工夫がある。
　それを工夫して食べる私たちの知恵と工夫がある。

①植物にとって

植物にとっては次の3つのケースが考えられる。

a　タネがないところは植物にとっては大事なところ

b　タネの未熟：それまでは食べられては困る

　　⇒やがて、その時が来れば、人間はそれ以前に食べてしまう

c　タネがある⇒撒いて子孫を殖やしてもらいたい、が考えられる。

### 野菜や果物のタネの痕跡探し

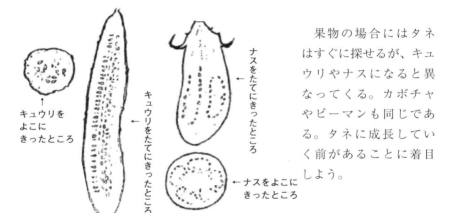

果物の場合にはタネはすぐに探せるが、キュウリやナスになると異なってくる。カボチャやピーマンも同じである。タネに成長していく前があることに着目しよう。

植物の生き様という視点からすると野菜に多いが、根・茎・葉は、食べられては困る場所で、植物にとっては生きていくためのものである。

葉以外のダイコン・ゴボウは根、ジャガイモは茎が、通常は食べている場所だが、植物にとっては冬等を乗り越えるために栄養を蓄えている場所で、春先になると栄養は成長に利用されて痩せていく。そのために植物には簡単に食べられない工夫があり、ダイコンの辛みやジャガイモの毒などの工夫がなされている。

また、成長途中の未熟な例えばキュウリ・ナスなども、やがては色づいてタ

ネは固くなり鳥等の食べごろになる。それまでは目立たないようになっていて、キュウリなどはとげを持っている。

　果物は、タネがあって、周りを食べてもらってタネが育つ範囲を広げる目的であるが、その途中過程等の未熟なものも多い。この点からすると、キュウリ・ナス・カボチャ等も広義の意味での果物ということになる。

　種イモという表現が誤解を生むことが多いが、ジャガイモ・サツマイモもタネがあり、そのタネから増える。しかし、異なる性質をもつので、同じ味を維持するために、ジャガイモのイモからもふやすことができる。

　ジャガイモはサツマイモとは異なり寒冷地対応（アンデス原産）でもあり、茎が膨らんでいる場所である。へこんだ部分に着目すると茎の葉が出る位置を確認することができる。

◆◆◆◆◆◆◆◆◆◆◆◆◆◆◆◆◆◆◆◆◆◆◆◆◆◆◆◆◆◆◆◆◆◆◆◆◆◆

### ジャガイモのくぼみに着目して

　くぼみに爪楊枝などを指してみよう。少しわかりにくいが、螺旋になって配置されている。ジャガイモにも果実ができ、その中にタネができる。

◆◆◆◆◆◆◆◆◆◆◆◆◆◆◆◆◆◆◆◆◆◆◆◆◆◆◆◆◆◆◆◆◆◆◆◆◆◆

　またダイコンやニンジンの場合には、植物として栄養を蓄える点ではジャガイモと同じだが、根の部分に着目すると異なる部位があることがわかる。ダイコンおろしにして食べる時に、場所によって味が異なる。

### ダイコンの根への着目

まずはダイコンから出ている側根に着目してみよう。どのように出ているのだろうか。また場所によって味は同じなのだろうか。まわりと真ん中に差異は？　先端との差異は？

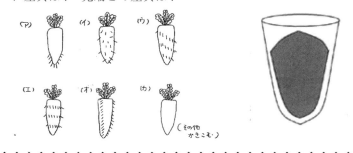

身の周りの野菜や果物も、特定場所に着目してみてみると、おもしろい特性が見えてくる。

②人間にとって

栽培して簡単に食べられるように工夫することは、料理や栽培植物との特性として現れる。

食べられる部位を大きく・味も良く・収穫しやすいなどの工夫は栽培化の中心である。コメや麦も、もともとは雑穀で、雑草の中から選んで栽培してきた歴史がある。

よくコメなどについても、脱粒性があったといわれているが、そもそも植物にとっては脱粒してタネが撒かれて広がることが普通で、それがなくなったということは人間の栽培の結果として考えることができる。

その植物の料理などで工夫すると、熱を加える・水さらしなどに加えて、多くとれた時に保存するために、結果として発酵化を進めることになる。これらを介して食材を豊かに広げていくにしたがい、それに対応した料理法も発達する。

この両者の①と②とのせめぎ合いの中で私たちの食文化が成立しているので、その入り口として、身の周りの植物に着目してのタネ探しをおすすめしたい。

　場合によっては、野菜・果物のタネに着目して、タネからタネへ：生から死、そして新たな生へとつながる最初の導入として位置づけて、そのタネを取って脱脂綿等を利用して水栽培を行い、タネからタネへの一生のサイクルの中で考える機会としてもらいたい。

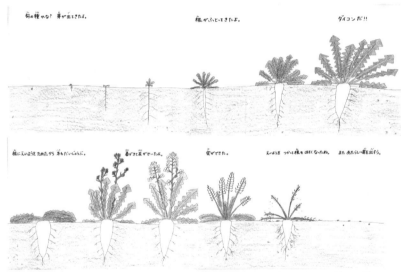

（藤堂由華子・倉賀野志郎（2014）「野菜に基づく植物の生きざま教育──"種から種へ"の絵本教材開発と6年間のカリキュラム構成」『釧路論集』第46号、p.108）

### （4）小学校との接続では植物の生き様へ──身の周りの雑草に着目して、そして野菜や果物のタネの栽培を

　上記の野菜や果物に対する視点は、他の植物へと転用していくことができる。

　同様に身近な植物としては、雑草などの生き様を考える。なぜ人間の近くの人里で生きる植物がいるのかは、生態そのものの入り口としての意味を考えるものとなる。そのためには名前を知ることよりは、自分のイメージで表現して、遊びのために踏んづける・ひっこ抜くなどの働きを介して周りの植物に着目していきたい。

**タンポポを掘ろう**

ちぎれた根の中からは白い液が。

　　根は深くまであるので途中で切れてしまう。長く根を張っていることや、根の中からの白い液にも着目してみよう。

　この植物の生き様への視点は、小学校での理科の植物分野の基礎とつながっていくこととなる。春夏秋冬での植物の生き様、さらには動物・昆虫たちの生き様ともつながっていく。例えばあえて冬の虫探しをすると、虫たちの冬越えの生活と生き様の一端が見えてくることとなる。

## 3. 1年間の生活リズムから伝統・行事を考える

　《幼児の生活の連続性、季節の変化などを考慮して、幼児の興味や関心》に基づき、《季節により自然や人間の生活に変化のあることに気付く》ことに着目して、生活上のつながりから暦を考えたい。

### (1) 物事の生起の中での"時"に対する感覚の重視
　そもそもの"時間"の捉え方では、物理的な作用とは関係なく一様に流れる

ニュートン的なものとして捉えられることが多い。しかし、働きかけ・働きかけられるという発達においては、このようなニュートン的な物理的時間に基づいてのものではない。"履歴"は、働きかけ履修する過程を経ての歴史で、働きかけの過程を一つ一つ踏まえていない状況では、履歴は生じない。何もなければ時間は過ぎないのである。時間は周りとの関係で成立していくことを提起したのはアインシュタインで、心臓等の脈拍に関わる生物時間（本川達雄）という考え方も提起されているが、これらは同じ考え方に基づいている。

　この基本的視点は、「環・世界論」（ユクスキュル）に対して「環・時間論」とでもいえる。環・世界論として働きかけの手段に応じての、目的に応じての世界を構築し、働きかけの目的の実現を目指すとしたが、その環・時間論とでもいえる考え方が成立する。

　働きかけの履歴に基づいて発達が履歴として形成されるわけで、機械的な物理的時間に基づく発達段階論ではなく、生物時間としての働きかけの履歴があり、成長速度が異なってくる可能性もある。[7]

　例えば胎児の成長において、10ヵ月ほどで単細胞状態から出産までを考えると、まさに"時をかける胎児"として、時間の進行速度が母体と異なることは予想される。その進行速度の異なる時間をつなぐインターフェイスとしての胎盤の役割は大きいし、その母体とのズレから齟齬が生ずることもある。

　出産後の乳児の夜泣きも体内での履歴が現れているとも考えられ、最終的には調整されていく。生後3ヵ月以降では調整されるが、それまでは過渡期であり、それ以降でも調整・安定化の行為の中で維持されていくものなので安定的に成立するものではない。生活リズムが変化すると時間感覚も変化する。幼児等の生活リズム課題は大きいと考えられる。

　ピアジェも同様なことに着目しており発達段階の様相を考察する場合には、①一つ一つの段階において、どのような多様な働きかけによって、その段階の認識を獲得してきたのか、また、どのようにして次の段階に移行していくのかという検討を行っている。②それぞれの引き出す行為について、どのような環境を設定するのかという課題が存在し、科学的・数学的概念獲得の発生的過程の考察の一つとして『時間』の生成という課題がありうることとなる。

　事実、1928年、アインシュタインは「速度観念が心理学的に時間の観念に

先行するのか、それとも、その後に続くのかを調べるように」とピアジェたちに進言している[8]。

ここには、働きかけの操作と、それによって生起される現象の持続が時間概念に通ずるという相対性理論の基本的な視点が、発生的段階にありうることを示唆している[9]。

### (2) 暦・生活のリズムとリンクして

また、暦に関しても、生活感覚を重視した上での行事等を位置づけたい。幼児期において、詳細に展開する必要はないが、ただ単なる行事の羅列としての位置づけは避けたい。特に暦の確認において、数字だけの日数の記述は避けたい。

まずは空間配置という点では、カレンダー上での配置の移動に着目したい。これは人類史の初期の段階でも骨の刻みにも示されている。

フランスのある地方の洞窟に、美術では有名な「ラスコーの壁画」がある。1万数千年前に洞窟に描かれている生き生きとした動物たちの絵で、反論もあるが、夜空にみえる星をつないで星座が描かれているのではないか、もしそうだとすると、季節の変化を読むカレンダーとして役割をもっているのではないかという考えが出されている。似たようなものとしてはマヤ文明でのククルカンのピラミッドが有名である。

また、1万数千年前の動物の骨にはきざみが55本つけられていて、昔から数字を意識していたとのことで紹介されている。もっと詳しく見てみると、中央の2本は長くて区分の枠のように見える。その区分により、一方は29本、他方は24本となっている。29は1日の1ヵ月分、24は、その1ヵ月の2年分としての刻みと考えられる。人類史的にも骨の刻みにおいては暦と生活カレンダーが初期の段階に現れていることになる。きざみの所に紐に重りを下げてつけると簡易カレンダーとも読める。

1年の季節が読めると、春・夏・秋・冬がわかるだけでなく、いつの時期にはどういう動物が来るので狩猟できるとか、他の時期にはこういう木の実がとれるので採集できる、などが予測できるようになる。

このような視点からすると、まずは、原初的時間感覚・リズムの繰り返しとして時間として継起としてのイメージがあり、それに続く言葉としての表現と

なっていく。

◆◆◆◆◆◆◆◆◆◆◆◆◆◆◆◆◆◆◆◆◆◆◆◆◆◆◆◆◆◆◆◆◆◆◆◆◆◆◆◆◆◆◆◆◆◆

**簡単なカレンダーをつくろう**
棒に刻みをいれて
31の刻みと
7の曜日の刻みをいれる。
紐に重りをつけて釣り下げるだけのものとなる。
31は日として動いていき、7は週の曜日として
日々の移りかわりの感覚を大事にしたい。

◆◆◆◆◆◆◆◆◆◆◆◆◆◆◆◆◆◆◆◆◆◆◆◆◆◆◆◆◆◆◆◆◆◆◆◆◆◆◆◆◆◆◆◆◆◆

　発展形態として、Nextの逆に動かす「前に」があり、前に・後ろにという原初的な順序概念が形成されていることとなる。また前に続いて並んでという表現にもなる。

　また、生活のリズムとして季節の移り変わり、それに対応する植物等の環境条件の変化に着目する活動も組みたい。植物等の生活のリズムに関わった形で暦を位置づけることもありうる。旧暦に戻る必要はないが、そこには一定の根拠があるだろう。

　例えば、素朴な疑問としては、新年はどうして1月だけなのだろうか。例えば他の国ではどうして新学期は4月ではなく、10月スタートもあるのだろう。どうしてこんなに差異があるのだろうが。ただ単なる定義だけでは済まない問題が背景にある。

　例えば、2月は本来ならば、年の最後として位置づけられたことがあり、そのために2月から日数が他の月に取られて短くなっている。ここには旧暦という視点が現れるが、そもそもは農耕の生活を考えることができる。英語の表現でも3月からの出発であり、植物の成長と関係しての十二支（144ページの図1参照）も同様である。

　暖かくなる時期からの新年・新学期の始まり、3月は春を待つ時期となることとなる。そして10月に新学期を開始する国があるが、これも後半として、

前半が一段落しての後期・10月には国や地域によっては二期（二毛）制として秋の農耕が始まるところがある。前半の繰り返しとしての余裕があるので学校が始まる国は多い。植物の繁茂を反映している行事についても、同じように生活に関わっての位置づけを考えられる。

12月も冬至祭としての意味があり、昼がこれから長くなることの反映であり、その一端がクリスマス等に現れているにすぎない。(11)

同じように暦や行事に生活を読むとすると、星座の中にも生活を読むことができる。例えば牡羊座の4月はギリシャ神話からのものではなくそれ以前の遊牧民でのヒツジの生まれる月のメモリーとしての意味があり、それぞれの星座を考えると、意味合いが現れる。

星座と同様にカレンダーのことも考えられる。自分たちの視点から見ての暦という意識を扱い、幼児の発達の履歴と、植物の成長等の履歴とを重ねた独自のカレンダーづくりも位置付けたい。

◆◆◆◆◆◆◆◆◆◆◆◆◆◆◆◆◆◆◆◆◆◆◆◆◆◆◆◆◆◆◆◆

### やってみよう

雪がとけて植物が出始める時期
暑さを感じる時期
植物の葉っぱが落ちはじめる時期
雪が降り始める時期
等々の生活感覚からの季節・時期を大事にしたい。

昔の人の1年サイクルの一つの資料。
自分たちの生活歴をつくってみたい。

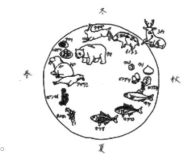

◆◆◆◆◆◆◆◆◆◆◆◆◆◆◆◆◆◆◆◆◆◆◆◆◆◆◆◆◆◆◆◆

### （3）小学校との接続では、算数の時計・角度にも着目

小学校に入ると生活科等で年間の行事等が組み込まれていくことになるが、ここでは、とりわけ小学校・算数の"時計"について言及しておきたい。

小学校に入ると数としての10進構造を中核として展開されていくが、時計

に関してだけは、異質なものとして現れてくる。12や60が現れ、時計の読み方としての指導としては問題ないが、時計の意味については考える機会としても位置付けたい。

そもそもの度量衡において、生活に関わる単位系としてポンド・フィート等が位置づけられていたが、生産力向上等を反映してフランス革命当時メートル・グラム・リットル等の今の単位系が成立されていく。その当時は時計・角度・1週間も10進構造にしようという計画があった。例えば1週間は10日となるなどである。(12)

しかし、時計と角度は農耕で深く関わっており、例えば時計の回転方向と角度の回転方向とは逆転しており、これは前者が太陽の影を使う日時計（北半球で）、後者は夜の星座時計としての意味がある。いつも回転している部分もあるが、毎月少しずつ変化していく星座もある。その星座を読むと、例えばナイル河の氾濫の時期ができる暦を読みとる意味を有していたといわれている。(13)

◆◆◆◆◆◆◆◆◆◆◆◆◆◆◆◆◆◆◆◆◆◆◆◆◆◆◆◆◆◆◆◆◆◆◆◆◆◆◆◆◆◆

**回る方向に着目してみよう**

回り方には二つあり、一方だけ選ばれる理由はないはずである。身の周りのことも、ちょっと考え始めると不思議なことがいっぱいある。（ドアのノブ、ビンのふたなども）

（透明の傘を利用すると、回転方向が見方によって変わることがわかる）

◆◆◆◆◆◆◆◆◆◆◆◆◆◆◆◆◆◆◆◆◆◆◆◆◆◆◆◆◆◆◆◆◆◆◆◆◆◆◆◆◆◆

結果として地球や水の普遍的な課題からメートルやグラムは決められたが、時計は残ることとなった。

地球の大きさから誰でも承認するメートルを決めるということもおもしろいが、他方、公転等に規定される生活のリズムもまた普遍的な課題を含んでいた

ことになる。

このような点を算数な異質な領域にある時計や角度にも暦が深く関わっている。
(14)

| | | 月名 | 旧ローマ暦では | 植物の生長（干支に対応して） | 農耕（農耕に応じて） | 月の星座名 | 牧畜（牧畜・家畜に応じて） | |
|---|---|---|---|---|---|---|---|---|
| 春分 | | 3月 | | 子 ふえる | 田畑の整備・準備 | おひつじ座 | | 節句⇒旧暦の正月 3/3⇒ひな祭り イースター復活 |
| | 昼が長くなる | 4月 | 第一の月 新年度スタート 農耕・牧畜の神 | どうして4月新学期 日本の気候に対応 主 からむ | | おうし座 | ヒツジの出産 | |
| 成長期 | | 5月 | 第二の月 草木が花を | 寅 うごく | | ふたご座 | ウシの出産 | 5/5⇒節句⇒遊牧スタート |
| | | 6月 | 第三の月 豊穣の女神 | 卯 しげる | | かに座 | 子ウシの成長 植物繁茂 | |
| 夏至 | | 7月 | 第四の月 繁成の月 | 辰 ととのう | | しし座 | エジプトナイル洪水⇒肥天な土地へ | 7/7⇒七夕 |
| 収穫・交流 | 昼が短くなる | 8月 | 第五の月 マルメロ王様すす 実を作る（男女交流） | 巳 止む | 収穫 収穫祭・男女交流 | おとめ座 | イナゴ?? | 男女交流へ |
| 秋分 | | 9月 | 第七の月 繰り返し ber 表現 | 午 麦えの流し | | てんびん座 | 農作のスタート（二期目） | |
| | | 10月 | 第八の月 ber 表現 | 未 実が熟して | | さそり座 | 農作物の量チェック | |
| 成長期 | 昼は さらに短く | 11月 | 第九の月 ber 表現・収穫の月 | 申 成熟して実へ | | いて座 | 乾季・場所の特定が | ハロウィン 秋の収穫祭 |
| | | 12月 | 第十の月 ber 表現 | 酉 ちちむ | | やぎ座 | 抑制採業期 | 極夜・長い冬の準備⇒ルチア祭 クリスマス |
| 冬至 | | 1月 | * 名前不必要 | 戌 ほろぶ | 農作物の貯蔵 | みずがめ座 | 排擲祭⇒冬準備 | 西洋風の新年 |
| 抑蔵・熟成 | 昼は 少しずつ長く | 2月 | * 名前不必要 | 亥 ことずす | 貯蔵所での熟成等 | うお座 | 雨季・場所の特定に | |
| | | | 名前不必要 | 干支はもともと植物生長 | | | 星座はもともと生活反映 | |

図1 簡単な全体日程表

## 4. 生活での言葉から数量感覚を考える

　数量感覚の重要性は《日常生活の中で数量や図形などに関心をもつ》ことや、《数量……などに関しては、日常生活の中で幼児自身の必要感に基づく体験を大切にし、数量……などに関する興味や関心、感覚が養われるようにすること》に見られる。
　日常生活での変化の中に数量を読み、それらを言葉で表現していき、数量の構造が抽出されていく。
　数に関する事柄としては、数詞とか数の構造等を扱うことが多いが、まずは日常生活上での言葉等の表現行為に現れる数の発生から考えたい。数を考える場合、数詞の手順の暗記的把握では、数の演算取得ともならないし、機械的形式手順な指導では、先での数の基礎的展開の柱につながらない。

### (1) 原初的時間感覚から数量へ──数にしていく"過程"を考える

⑴─①数字を1からは考えない

　遠山啓は『かずってなんだ?』で、数の展開を、3から始まり、2、そして1へと進み、その後で4へと移行すると考えたことがある。現在では、指導法としてそこまでこだわる必要はないのかもしれないが、"1"を最初に扱わない理由はあると考えられる。
　そもそも一つのものは"1"とは数えない。宇宙は1ではないし、各々の個性をもった存在も1ではない。
　個々は質をもった存在であり、それを量や数として表現するまでには距離があることを理解しておく必要がある。その質を有する存在を量として、やがては数として捉える"過程"が存在する。
　個々には質と量的側面を有しているが、単独では自己の量的側面を抽出して表現することはできない。他との関わりによる他者媒介を経て、量概念を抽出することができる。対応との関わりの中で量が抽出されるのである。とりわけ、その対応の列の中で一つの量が抽出されていく。
　対応の列は二つでは比較でしかないが、3以上として列が成立していく。
　対応関係の重要性がここにある。これらは一対一対応としての基礎的な数概

念とつながっていく。[18]

(1)―② 3へのこだわりから4への質的転化
とりわけ数4の壁について着目しておきたい。
漢数字の書き方やローマ数字の書き方では、1・2・3と4とでは質的に変化していることがわかる。"四"は拡散を止める囲まれた枠があるし、"Ⅳ"では、5マイナス1として、5が重要な中継点となっている。次の段階は、手の指の数としては5となり、4は5マイナス1として、その先に位置づけられる。また、5プラス1として6が、さらに先では10、そして10マイナス1となり、7と8とは意識上では遠い存在となる。[19]
1の基礎的な壁、4の認識の壁を理解しておく必要がある。

身の周りのよく利用する事柄から、数の背景を考えよう。

◆◆◆◆◆◆◆◆◆◆◆◆◆◆◆◆◆◆◆◆◆◆◆◆◆◆◆◆◆◆◆◆

　例えば
　並んで、手をつないで、順番に、みんなで仲良く分けて……
　　当たり前のように思えることばには、均一・一様などの1の概念が背後に隠れていたり、集合数・順序数という考えに通ずる背景がある。

◆◆◆◆◆◆◆◆◆◆◆◆◆◆◆◆◆◆◆◆◆◆◆◆◆◆◆◆◆◆◆◆

(2) 数感覚としてのいくつなど、対応することへの言葉、そして量感覚としてのどれだけ・比較する言葉へと
(2)―① 身の周りの生活上の言葉に数の背景が潜んでいる
　一つの時間的継起が、他の同期する時間的継起と連動していることがある。それらの二つの順序的継起の対応が成り立つと、その両者には一対一対応関係が課題となっていく。この時間的継起に応ずる一対一対応が原初的・対応関係であると思われる。
　言葉や行為においては、手をつないでというような形で現れる。
　やがては数概念は集合数・順序数となっていくのであるが、それに至る発生

的段階として、言葉や行為の対応関係が考えられる。最終的には、いくつでも、広げても、圧縮しても数は変わらないし食べる量に変化はないが、それらの初期段階を踏まえた上で、次では対応は全体にわたっては成立しない「前操作期段階」（ピアジェ）になっていく。

　ピアジェの「前操作期」においては、その体系の不十分さを反映して、部分的・一時的理解段階が存在することとなる。例えば対応関係が一時的・部分な範囲内においてしか成立しないこととなる。全体としての保存は不成立となる。

　これらを踏まえた上で、体系的には、数の構造的な理解となっていくこととなる。その逆ではない。それらはやがては集合数や順序数として展開されていくこととなる。

(2)—②継起に続くものとしては、その変化についての着目

　言葉としては、比較：よりとしての比較が重要であり、量的表現となる。より、より大きい・小さい等々の言葉を大事にしたい。さらには、もっとも、どれだけ・どれほどという言葉が現れる。[20]

　食べ物等を配分する場合には、みんなで分けるとか表現される時には、均一性が暗示されている。また食べる量を変化させるためには、より大きい・より小さいという比較の言葉が現れる。

　比較する行為による量規定と、その背景にある量概念の直感的把握があり、両者がセットとして量概念の導入段階の一つとなる。

　遠山は測量以前としての"未測量"に着目している。[21]例えば高さ・速さ・大きさ等の原初的な未測に着目することと言葉での表現が関わる。ここでは比較という行為とセットになって量概念の基礎が形成される。

　その先では、この未測量の一様性均一性を背景として、量概念は、比較可能性（直接・間接・個別・普遍）という比較行為によって概念が特定されていく。この未測量に関する直感的な量の概念を最初に扱う、関心・意欲の動機づけともつながっている。この発生的な段階での考察の対象となる。

　これらは整理と次の集合数・順序数へとつながっていく。「前操作期」においての不完全状態を反映して、対応・順序の構造の発生段階が存在する。

　それらは論理的な集合数・順序数という概念へと先では展開していくこととなる

なる。

◆◆◆◆◆◆◆◆◆◆◆◆◆◆◆◆◆◆◆◆◆◆◆◆◆◆◆◆◆◆

**未測量へのこだわり**
ある量の多さを表現してみよう。
比較する言葉で表現したい。
例えば
早い・遅い、温かい・冷たい……
ギューと詰まっている・スカスカ状態となど……
子どもなりの表現感覚を楽しみたい。

◆◆◆◆◆◆◆◆◆◆◆◆◆◆◆◆◆◆◆◆◆◆◆◆◆◆◆◆◆◆

(2)—③小学校との接続——とりわけ現実と量と数字とをセットとして

　小学校との接続においては、数そのものの最初にあるように"1"そのものの意味にこだわることも大事にしたい。

　また、四則演算の、例えば足し算や掛け算・割り算においては、均一性を前提としての演算としての意味を有している。それらが露に出ていないだけである。

　先では、小学校低学年段階における数概念においても、非一様性から一様・均一へなどを踏まえた上で、不変量への着目となっていく。また、仲良く分けるとしての均一化の等質性・一様性原初形態がある。この一様・均一に分けることは、数の理解や、四則演算の理解につながっていくのである。

　例えば分けるという行為では、そもそもは均一・一様である必要はなく、分けるには、広義の意味では不均一も含まれている。それが均一化・等質化していく過程にあることを位置づけておきたい。

　時間的継起としての原初的順序、空間的な事柄との対応関係、そこでの変化を捉える比較概念、これらがセットとなって、現実と量と数字とのセットとして組まれていく。

　3つのセットとしての現実・量・数を体現するスゴロク遊びなども考えられる。

第Ⅲ部　おもちゃ・ものづくり

数に関しても発生的・構造的な背景があり、それらをスキップしての数の唱えあげや機械的な演算指導では、広げて深めていく機会を失う可能性がある。[22]

(倉賀野志郎)

注
(1) くつみのぶこ（1990）『手のはなし』授業を創る社
(2) 白井春男（1975）『人間とは何か・ものをつくる授業』太郎次郎社。理論的な位置づけとしては、同（1966）『社会科教育の理論──小学校の歴史教育』葵書房。その後、ものをつくるという視点からの歴史教育を展開している。理論的展開は、同（1993）『授業を創る──ものをつくることと社会認識』授業を創る社。
(3) 愛知・岐阜サークル（1988）『いきいき物理・わくわく実験』新生出版。その後、多くの理科実験関係の本が東京等で出版されていくが、その最初の提起を含めた本となっている。それらの科学的概念に接続させた形で、中沢和子（1972）『幼児の科学教育』国土社等を考えていく必要がある。
(4) アインシュタインの重力場方程式でも、中心の質量がいて、周りができ、その周りが中心に働きかけ……、と考え始めると無限に進行していくことが予測されることとなる。計算が大変なので、安定しているように整理しているだけでしかない。
(5) 田中修（2003）『ふしぎな植物学──身近な緑の知恵と仕事』中公新書、同（2012）『植物はすごい──生き残りをかけたしくみ工夫』中公新書など、植物に関する本は多数出版されている。
(6) 沼田真（1972）『植物たちの生』岩波書店、同（1979）『雑草の科学』研成社など。
(7) 本川達雄（1996）『時間・生物の視点とヒトの生き方』NHK出版、一川誠（1996）、同（2008）『大人の時間はなぜ短いのか』集英社。物理的空間と心理的空間が認識の発達史で語られているが、それに対応させた形で、乳幼児の時間認知として物理的時間論と生物的時間論や働きかけに応じての作用から形成されるリズムとして時間論が語られてよいだろう。例えば生物時間としては、睡眠状態にあるコウモリの睡眠まで入れた生物時間が位置付けられる。船越公威・他（2007）「冬眠獲得の謎」『コウモリの不思議』技術評論社、pp.184-185
(8) ピアジェ，J.（1981）「子どもの物理学的世界」『発達の条件と学習』誠心書房、pp.112-130
(9) 空間認知の発達研究会編（1995）『空間に生きる・空間的認知の発達過程』北大路出版。空間論の展開があるのと同様に、時間論の展開もありうる。
(10) イフラ，G.（1988）「刻み目の使用」『数学の歴史──人類は数をどのようにか

ぞえてきたか』平凡社、p.890
(11) 永田久（1989）『年中行事を科学する——暦のなかの文化と知恵』日本経済新聞社
(12) 小泉袈裟勝（1976）『度量衡の歴史』原書房。小泉の本は多数、出版されている。
(13) アメリカの単位系は創出者のフランスの地球・水に依拠する単位系とは異なり、ポンド・フィート・ガロン、さらには温度計もファレンハイトとして異なっている。単位系において全世界統一までには至っていないことになる。小泉袈裟勝（1974）『歴史の中の単位』総合科学出版。
(14) 織田一朗（1994）『時計の針はなぜ右回りなのか』思索社。当たり前のことにも意味があることになる。柳谷晃（2012）『なぜ一週間は七日になったのか』青春出版。
(15) 遠山啓（1965）『幼児の算数』国土社
(16) 遠山啓（1972）『数学の学び方・教え方』岩波新書
(17) 宇宙が多数存在する"マルチバース論"という考えもある。佐藤勝彦（2013）「甦った宇宙項」『思惟する天文学——宇宙の公案を解く』新日本出版、pp.25-33
(18) 久留間鮫造（1957）『価値形態論と交換過程論』岩波書店
(19) 平山許江『幼児のかずの力を育てる』世界文化社、2015年。例えば、3から2項目を抽出すると考えると、nから2項目の抽出数は、n(n-2)/2となる。それがnと一致するのは3で、4となると、抽出数は6となり4をオーバーする。4以上ではさらに大きくなる。
(20) 遠山啓（1972）『はかってみよう——センチメートル・デシリットル』ほるぷ出版や銀林浩（1975）『量の世界——構造主義的分析』むぎ書房では、比較する言葉に着目したい。
(21) 遠山啓（1972）「基礎教育は三分野から」『歩きはじめの算数——ちえ遅れの子らの授業から』国土社、pp.35-38。未測量への着目の認知発達での役割は大きい。
(22) 数学教育協議会・銀林浩（1993）『算数・数学なぜなぜ辞典』日本評論社、同（1994）『算数・数学なっとく辞典』日本評論社

# 第Ⅳ部
# 環境を学ぶ・創る

　第9章では、こども環境科の「環境」に対する視点を踏まえてのカリキュラム構成を紹介する。また専門の講義と体験・実習との相互に進行していく Active Learning の一端も位置付けている。

　中核としての実習の現場見学・体験実習を配置して、その学びの集大成としての教職実践演習を組み、教養科目や教育としての5領域は、それらを支えていく分野としての講義配置となる。

　第10章では、このような教職実践演習等に基づく表現・音楽においての実践例の一つを紹介する。近隣する実習でお世話になった保育園・幼稚園の園児たちを招待しての発表会を開催しており、学生にとっては、学びの集大成としての機会ともなっている。

　ここでは、教えと学びとを繋ぐ、双方向の授業展開での ICT 活用としての展開となっている。幼稚園教諭や保育士を目指す学生にどのような音楽的経験や訓練をすることが、幼児教育の現場に役立つのかという自問から、①歌唱指導、②ソルフェージュ（リズム読譜、視唱）、③器楽指導（ピアノ）、④手遊び歌の4項目の事業実践を提示し、その効果と問題点を考察している。

　我々はこのような、音楽的な経験や訓練をおこなう授業においては、学生同士の「肯定的」「共感的」な雰囲気の構築が大切だと考える。

# 第9章　幼児の環境づくりを学ぶカリキュラム
## ——こども環境科の環境に対する視点を踏まえてのカリキュラム

## 1. くしろせんもん学校のカリキュラムの大枠

　くしろせんもん学校では、カリキュラムの設計においても、第1章で詳述した、働きかけることによる像の形成と深化の展開として位置づけている。すなわち、カリキュラムを介した学びの像の深化を考えている。

　学校での講義・演習等においても、「教員と学生が意思疎通を図りつつ、一緒になって切磋琢磨し、相互に刺激を与えながら知的に成長する場を創り、学生が主体的に問題を発見し解を見いだしていく能動的学修」（中教審答申「新たな未来を築くための大学教育の質的転換に向けて～生涯学び続け、主体的に考える力を育成する大学へ～」平成24年8月28日）を意味するアクティブ・ラーニングを取り入れている。幼稚園・保育所見学、保育体験、教育実習は、学生がそれらを通じて何を学びたいのか目標設定し、自らの学びを振り返り、次の課題を発見することで、よりアクティブ・ラーニングの色彩が強い。

　学校での講義・演習等の学びの像を Learning 環境像（L）、幼稚園・保育所等の見学・体験、教育実習での学びの像を Active 環境像（A）とすると、両者は図1のように働きかけに応じて深化する。

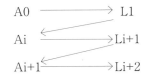

図1　働きかけに応じての環境像

　カリキュラムの全体は図2のとおりである。
　基本的な視点は、①中核に見学体験／実習を位置づけて、その周りに講義／演習を配置する、②各講義と実習等とをつないで、相互

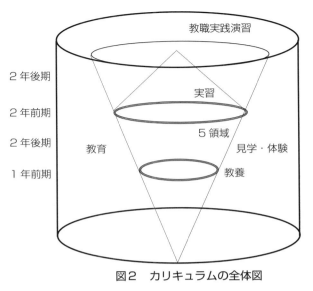

図2　カリキュラムの全体図

に深化させる、③教職実践演習へと収斂させていく形で幼稚園教諭免許状、保育士資格を取得していく。

## 2．実習を中核としての各セクションの位置づけ

### (1) 中核としての実習、現場見学・体験

カリキュラムの中核となるのは、保育士資格、幼稚園教諭資格を取得するための実習、ならびに保育所、幼稚園等の見学・体験である。学生の9割以上が北海道東部の出身であり、保育者を養成し、出身地に帰すことを意図して、保育所実習、幼稚園教育実習を出身地で実施することを認めている。施設実習については、施設の種類を学習した後、希望する施設の種類をアンケートで取り、実習委員会で釧路、根室、オホーツク、十勝の4つの振興局内を原則に、実習園の調整を行っている(1)。

実習は1年次に保育実習、施設実習、2年次に保育実習、幼稚園教育実習を配置し、1年次の保育実習と2年次の保育実習は原則、同じ園で実習し、1年次の見学実習・参加実習から2年次の参加実習・責任実習につなげられるよう

にしている。保育実習を終了し授業再開から約2ヵ月後、幼稚園の2学期の開始に合わせて幼稚園教育実習を行う。保育実習はほぼ2週間、時期を変えて2回実施するのに対し、幼稚園教育実習は土曜日・日曜日の休みはあるものの20日間続けて実施することから、プレッシャーを感じる学生も少なくない。しかし、子ども理解という観点から考えると、20日間続けて実施することで、子どもの興味や関心、発達の姿の一端を知り、個々に応じた関わりを実践することができる。

　平成31年度より、教職課程のコアカリキュラムとして、「学校体験活動」が入れられるように、現場体験が重視され始めている。本校は市内に3園系列幼稚園があり、最も近いわかばフレンドようちえんは学校に隣接し、愛国フレンドようちえんを経由して、みはらフレンドようちえんまで車で15分程度であるため、専用のバスがあることを生かして、これまで1年次の演習授業で3園の幼稚園での見学・体験を行ってきた。見学・体験は普段の保育だけでなく、運動会、発表会といった行事も行ってきた。普段の保育とは異なる子どもたちの姿だけでなく、保育者がどのように役割分担しながら行事を進めているのかをみることができる機会となっている。

　平成30年度は3園に併せて、文部科学省の「職業実践専門課程」認定に際し、連携企業となった認定こども園釧路めぐみ幼稚園(2)の協力を得、4園の見学・体験を実施した。障がいをもつ子ども・大人の施設の見学・体験も実施し、保育所の見学・体験を実施した。

　見学・体験では子ども・利用者の生活の流れや実習生の動きなどと共に、見学・体験に際しての目標、学んだこと、子どもに注目したエピソード等を記録として残すよう指導している。授業担当者が添削指導することにより、実習日誌を書く練習にもなっている。

　また、保育所・幼稚園等の子どもを対象にしたイベントも実施している。平成27、28年度の2年間は「遊びサーキット」と題して、複数の遊びコーナーを設け、子どもが自由にコーナーを回り、様々な遊びを体験できる企画を実践した。平成29年度は「ライブ絵本と合唱のつどい」と題して、1年次は合唱、2年次は絵本をPCに取り込み、視覚効果と音響効果をつけたライブ絵本を披露した。平成30年度は「人形劇と影絵のつどい」として実施している。

## (2) 学びの集大成としての教職実践演習

２年間の学びの集大成として位置付けているのが教職実践演習である。教職実践演習とは中央教育審議会答申「今後の教員養成・免許制度の在り方について」（平成18年7月11日）で、教職課程の他の授業科目の履修や教職課程外での様々な活動を通じて、学生が身に付けた資質能力が、教員として最小限必要な資質能力として有機的に統合され、形成されたかについて、課程認定大学が自らの養成する教員像や到達目標等に照らして最終的に確認するものであり、いわば全学年を通じた「学びの軌跡の集大成」と位置付けられている。

教職実践演習で続けてきたのが小学校低学年の授業参観である。1990年代後半、「子どもたちが教室内で勝手な行動をして教師の指導に従わず、授業が成立しないなど、集団教育という学校の機能が成立しない学級の状態が一定期間継続し、学級担任による通常の方法では問題解決ができない状態に立ち至っている場合」を指す学級崩壊が「問題」となった。学級崩壊の要因の一つとして、尾木（2000）は幼児教育における個性重視と小学校における一斉主義との断絶を指摘するが、他にも幼児教育での子どもの興味・関心を重視し、体験に取り組む経験カリキュラムと小学校での学問の体系を重視した教科カリキュラムとの違いを指摘することができる。

幼稚園や保育所の年長児が小学校の児童と交流する機会は多くもたれているが、教科外の「交流プログラム」として実施されることが多いように思われる。そこで、釧路市立昭和小学校の協力を得て、教員の指導方法や児童の学び方の一端を学ぶ機会になることを意図して、通常の教科授業を見学させていただいてきた。平成29年度は前年度以前から参観していた体育科に併せて生活科を参観させていただいた。

生活科は昭和40年代以来、小学校低学年教科の在り方として、合科的な指導の必要性が模索される中、「生活科は、具体的な活動や体験を通して、自分と身近な社会や自然との関わりに関心をもち、自分自身や自分の生活について考えさせるとともに、その過程において生活上必要な習慣や技能を身に付けさせ、自立への基礎を養うことをねらいとして構想するのが適当である」（昭和62年教育課程審議会『教育課程の基準の改善に関する基本方向について（審議のまとめ）』）として構想され、平成元年の学習指導要領に位置付けられた。今日、

生活科は遊びや生活を通して学ぶ経験カリキュラムから教科カリキュラムに移行していくスタートカリキュラムの中心となる科目として期待されている。

### (3) 教養科目

　専門学校は職業教育に力を入れる学校として認識されているが、教養科目も厚生労働省の規定10単位を上回る科目を開講している。力を入れている科目の一つは、教育理念「自然と人間を愛する教育」を達成するための科目、自然体験活動及び自然と環境である。

　自然体験活動では、子どもに自然を案内できる案内人、自らも五感を使って自然を楽しむネイチャーゲームリーダー資格を取得する講座を中心に展開している。筆者も引率教員として講座を受講した経験があるが、シェアリングネイチャーの考え方の下、展開される様々なアクティビティは普段より自然を深く知り、自分も自然の一部だと感じられる機会となった。

　自然と環境は自然環境学を研究してきた大西英一が教鞭をとり、釧路の植物について学んだ後、釧路市立昭和小学校ビオトープや春採公園や武佐の森などで実際の植生を観察している。

　また、一人一人が学校で活躍できるように、ホームルーム活動もカリキュラムに位置付けている。少子化の中、入学する学生は多様化し、リーダーシップをとってきた仲間の陰でほとんど目立つことなく過ごしてきた学生も少なくない。活躍できる機会を得ることで自分の強みに気付くことができる。可能な限りグループで役割を分かち合うことで、他者から認められる経験や協働して取り組む経験をすることができる。保育所は長時間保育のため、チームで保育することが一般的である。学生のこのような経験は保育者として働くためにも欠かせない経験となっている。

### (4) 教育としての5領域

　くしろせんもん学校は指定保育士養成機関として認定されると共に、指定教員養成機関としても認定されている。そのため、保育士養成に必要な科目、幼稚園教諭養成に必要な科目を配置している。両者に共通して開講している科目の中心となるのが、保育のねらい・内容として挙げられる5領域の科目である。

健康、人間関係、環境、言葉、表現のねらい・内容を理解すると共に、人間関係の授業でビオトープを散策し、自然環境の中での子どもたちの人間関係を考える、環境の授業で植物から色水をとり、色水を使って表現するなど、5領域を総合的に指導する意義を体験できるようにしている。

また、専門学校は職業教育に力を入れている学校として社会的に評価されていることから、各領域に重点を置いた模擬保育の機会を設けている。模擬保育は学生が子どもの役を演じるが、その際、特別に支援が必要な子どもを1名入れる、保育者の指示通りに活動しない子どもを入れるなど、指導計画通り進行しない状況を模擬的に経験させるよう工夫している。

模擬保育を経験することで、指導計画で記載する「子どもの予想される活動」の幅が広がり、その対応を考えることができる。指導計画の「子どもの予想される活動」に、実習生が進めたいと考える活動以外の子どもの活動を記載しないよう指導する養成校もあると耳にするが、私たちはより現実に近い「子どもの予想される活動」を記載するよう、指導している。

1年次は5領域とは別に、保育内容総論の授業も開講し、5領域の全体像を把握できるよう考えられた内容が扱われている。

次章では、このようなカリキュラムに基づく表現・音楽においての実践例の一つを紹介したい。

(氏原陽子)

**注**
(1) そのため、札幌市と函館市の2ヵ所しかない乳児院や札幌市、函館市、小樽市、旭川市にしかない母子生活支援施設等を実習園としていない。札幌中心の地域格差の解消が待たれる。
(2) 最も遠い系列幼稚園から車で6分位のところにある。他に、認定こども園釧路桜幼稚園、認定こども園釧路白樺幼稚園も連携企業であるが、学校から車で30分近く、最も遠いみはらフレンドようちえんから20分以上かかる。

**参考文献**
尾木直樹（2000）『子どもの危機をどう見るか』岩波書店

# 第 10 章　教えと学びとをつなぐ
## ──双方向の授業展開でのICT活用

## はじめに

　幼稚園教諭や保育士を目指す学生に、どのような音楽的経験や訓練をすることが幼児教育の現場に役立つのであろうか。本章では、幼児教育における表現としての音楽に関連する授業の中で、2017（平成29）年4月から2018（平成30）年2月にかけて筆者が行った、①歌唱指導、②ソルフェージュ（リズム読譜、視唱）、③器楽指導（ピアノ）、④手遊び歌の4項目の授業実践を提示し、その効果と問題点を考察する。
　我々はこのような音楽的な経験や訓練を行う授業においては、学生同士の「肯定的」「共感的」な雰囲気の構築が大切だと考えている。さらに適材適所におけるICT（Information and Communication Technology）[1]の活用が有効な手段であると考えている。特に学ぶ側と授業者をつなぎ、一方的な伝達ではなく、アクティブな双方向の授業を展開するためにも、ICTの活用は重要である。しかし、幼児教育におけるICTを活用した音楽的経験や訓練については、その研究や文献は数が少ない。小学校教育、中学校教育、高等教育におけるICT活用の音楽教育についての文献とは比較にならない量である。これらのことを踏まえて今後、幼児教育の現場に立つ学生にとってどのような音楽的な経験や訓練が望ましいかを検討する。

## 1．学生の現状

　学生の現状としては、幼稚園教諭や保育士を志す学生であるにもかかわらず、「大きな声で歌うのが恥ずかしい」「人前で踊るのが恥ずかしい」「人前でピアノを弾くのが恥ずかしい」「人前で話をすることが恥ずかしい」という学生が多い。しかも、このような学生は「こういった現状を打破したい」「努力して変わりたい」という意識も低い。試験があるから、実習があるから「最低限の努力をする」という学生が多く見受けられる。「子どもが好きだから幼稚園教諭、保育士の道に進みたい」——これだけの意識しかもっていない学生が大半である。たしかに、「子どもが好き」ということは、進路を方向づける大切な要素ではあるが、その他に必要な資質や能力については、余り考えずに入学してくる学生が多い。

　幼稚園指導要領（2017）領域「表現」の項目では、「感じたことや考えたことを自分なりに表現することを通して、豊かな感性や表現する力を養い、創造性を豊かにする」とある。さらに、ねらいとして、「(1) いろいろなものの美しさなどに対する豊かな感性を持つ。(2) 感じたことや考えたことを自分なりに表現して楽しむ。(3) 生活の中でイメージを豊かにし、様々な表現を楽しむ」とある。このような教育を行うためには、指導者自身が豊かな感性と表現力を身につける必要がある。

　前述した現状は、家庭や地域での教育だけではなく、(2)小中高で盛んに行われているキャリア教育の在り方にも問題があると思われる。学生に表現としての音楽活動を通し、表現の楽しさを味わわせ、やがて指導者となる学生自身が「音楽を愛好する心情を持つ」ことは大切であると思われる。そうすることで、子どもたちに音楽や表現活動への喜びを伝えることができるだろう。

　中学校現場において、徐々に多くなっている技術・家庭科の授業の中で行われる「保育体験」は、大変有意義である。授業数の減少により、単独の授業で実施することは難しい現状であるが、ホームルームや他の行事の時間と連携させることで、実践することができる。近隣の幼稚園や保育園に出向いて、幼児教育を体験することのできる中学生は幸せである。こういった体験を通して保育者への道を試行錯誤していってこそ、自分自身の資質の向上をしっかりと考

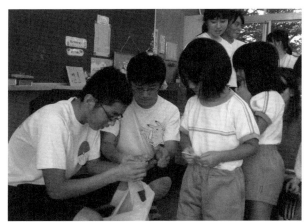

図1 幼稚園に出向いて授業体験をする中学生たち

えることができるのである。

次に、授業実践の中では必要に応じて、ICTを活用していく。現在ではICT活用といえば、電子黒板、タブレットが挙げられる。しかし広義な意味でのICTの活用は、これまで、レコード、テープレコーダーや映写機、ビデオテープ等が音楽テクノロジーの発達と共に一般社会に受け入れられ、教育に用いられ教育成果を挙げている。筆者は、これからも、このような音楽テクノロジーが適材適所、必要に応じて有効に活用されるべきものだと考えている。それによって幼稚園教諭、保育士が音楽的な資質や能力を効率的に発揮すること

図2 パワーポイントを使用してピアノの種類や構造を説明する

ができるからである。

　ICT を活用した取り組みを通して、学生たち自身に音楽を愛好する心情が芽生え、指導する幼児に、音楽的な喜びを与えられるようにすることが授業の目的である。

## 2．とりわけ ICT 活用の現状

　小学校、中学校の教育現場では、音楽科の授業における ICT の活用は必要とされ、研究、実践が繰り返されている。しかし、その件数は年々減少傾向にある。その原因は、①コンピュータの OS や周辺機器、ソフトのバージョンアップや機種変更のスピードに現場がついていけないこと、②学校現場での予算不足、③音楽専門の教職員にコンピュータを筆頭にしたデジタル機器になじめない体質があること。「音楽はアナログでなければならない」と思い込んでいること、などが挙げられる。

　コンピュータの導入が本格化した、2000（平成 12）年頃には一部の音楽科教師や、音楽を趣味として楽しんでいる他教科の教師が、音楽ソフトや音楽の音源を用いて DTM（デスクトップミュージック）[3]と呼ばれるものを使って音楽の授業や行事などに活用していた。しかし、前述したように昨今では、音楽科としての活用は減少し、他教科においてプログラム学習などの先進的な取り組みが盛んに行われるようになった。

　幼稚園、保育園の現場では、幼稚園教育要領においてコンピュータの使用をうたっているが、未だにコンピュータを積極的に活用していこうという気運は感じられないように思われる。反対に実習における日誌や保育指導案等の記述では、「コンピュータを使ってはならない」という園が多く存在する[4]。

　現在の知識基盤型社会における ICT 活用能力の重要性を考えるうえでも、学生たちには、コンピュータを活用する機会を増やしていくべきであろう。

　しかしながら、幼稚園指導要領（2017）第 1 章「総則」第 4、3 指導計画作成上の留意点には、「(6) 幼児期は直接的な体験が重要であることを踏まえ、視聴覚機材やコンピュータなど情報機器を活用する際には、幼稚園生活では得難い体験を補完するなど、幼児の体験との関連を考慮すること」とある。これ

は、指導にあたって「コンピュータありき」ではなく、「適材適所、効果的に視聴覚機材や、コンピュータ等を使用するべき」という趣旨と思われる。学生に対して、視聴覚機材やコンピュータを「無闇に使わない」「自己満足的でマニアックな使い方はしない」ということを教育する必要がある。

## 3．2017年度の実践

　表現としての音楽教育の実践を【歌唱】【ソルフェージュ】【器楽指導（ピアノ）】【手遊び歌】の４つの内容から考える。

### （1）【歌唱】

　表現としての「歌唱」については、そもそも「声を出す」ということに抵抗感をもつ学生が多いことに驚く。これは「歌を歌う」ということだけではなく、人前で声を出して「発言する」「発表する」ことに対しても同様の感覚をもっている。前述した「子どもが好きだから」という理由で入学してくる学生には、このタイプが多いように思われる。

　背景として、小学校、中学校での音楽科の授業の問題として、①音楽科授業数の半減や、②音楽授業力の低下、授業外の問題として、③ピアノ教室等、音楽教室における質の低下がある。「4．実践の成果と課題」で触れるが、上記の３点は、現在の日本の音楽教育が直面している重大課題ともいえる。

　このようなことから、表現活動の授業では、「表現に対する抵抗感」を取り去ることから開始した。①教師自身が大きな声で歌う。②音楽教室の雰囲気を肯定的なもの、支持的風土を構築して育てていく。③それぞれがもっている今現在の声が素晴らしい個性的な楽器であることを自覚させる。④少しでも大きな声で歌えたら、誉める。ということを心がけながら授業を進めていった。

表1　学習した曲目（2017年度）

| 月 | こどもの歌（斉唱） | 合唱曲（混声三部合唱） |
|---|---|---|
| 4月 | ・チューリップ<br>・ちょうちょ<br>・春がきた<br>・めだかの学校<br>・おはようのうた<br>・朝のうた<br>・せんせいとおともだち<br>・おかえりのうた | ・君をのせて<br>（天空の城ラピュタより）<br>・ビリーブ |
| 5月 | ・手をたたきましょう<br>・こいのぼり<br>・ブンブンブン<br>・むすんでひらいて<br>・おべんとう<br>・はをみがきましょう<br>・おかあさん | ・翼をください<br>・明日という大空 |
| 6月 | ・山の音楽家<br>・すてきなパパ<br>・かたつむり<br>・おつかいありさん<br>・げんこつ山のたぬきさん<br>・あめふり<br>・くまのこ | ・夢の世界を<br>※校長等、授業参観 |
| 7月 | ・たなばたさま<br>・うみ<br>・アイアイ<br>・シャボン玉<br>・おばけなんてないさ<br>・アイスクリームのうた | ・ドレミのうた |
| 8月 |  |  |
| 9月 | ・とんぼのめがね<br>・きらきら星<br>・線路は続くよどこまでも | ※公開授業 |

| | | |
|---|---|---|
| 10月 | ・ありさんのおはなし<br>・おもちゃのチャチャチャ<br>・おうま | ・流れゆく雲を見つめて<br>（混声二部合唱） |
| 11月 | ・夕やけこやけ<br>・どんぐりころころ<br>・七つの子<br>・大きなくりの木の下で<br>・おなかがへるうた<br>・たきび | ・旅立ちの日 |
| 12月 | ・ジングルベル<br>・おんまはみんな<br>・森のくまさん<br>・ゆきのペンキやさん<br>・お正月<br>・あわてんぼうのサンタクロース | ・COSMOS<br>・そのままの君で |
| 1月 | ・お正月<br>・やぎさんゆうびん<br>・アルプス一万尺<br>・おちゃらかほい | ・そのままの君で<br>・旅立ちの日 |
| 2月 | ・豆まき<br>・ぞうさん<br>・すうじのうた<br>・しあわせならてをたたこう | ・旅立ちの日 |

　月ごとに上記の曲目を学習したが、全ての曲目が自分たちのレパートリーとなるように、毎回の授業で既習曲を歌うようにした。そして、連携している幼稚園、保育園の幼児を招いて、合唱の発表会を行った。公開授業等も積極的に行い、他の教師からの学生に対する賞賛の声も積極的に伝えることで、学生のやる気が増していったように思える。

(2)【ソルフェージュ】

　ソルフェージュについては、ICTを積極的に活用することで学生の興味・関心を高めていくことにした。
　歌を歌うことに抵抗感を感じる学生は多かったが、さらにソルフェージュに対して、抵抗感をもっていた。これは、学生に限ったことではない。おそらく

は全国の多くの小中学生が苦手意識をもっていることであろう。筆者の経験からいうと、多くの小学校教諭もソルフェージュやピアノの演奏に対して苦手意識やコンプレックスをもっている。

　横浜国立大学の小学校教員養成課程で音楽を教授している小川昌文（2008）は「音楽科教員養成の現実」と題して、授業実践を通して、小学校教員の育成にあたって音楽教育が欠落していることを指摘している。その要因として「小学校教員志望者の多くは音楽の能力や資質に関してはノーチェックで大学に入学すること……免許制度から音楽科を担当する資格を見たとき、小学校においても中学校においても必修要件としての単位数は少ないといわざるを得ない。入学試験を音楽面においてノーチェックで通過した学生は、大学においても十分に音楽の教科に関する専門知識と指導法に関するトレーニングを受けることなく、教員としての資格を得ることになるのである」と述べている。

　これは、幼稚園教諭や保育士養成に関わる専門学校と同じ問題といえるであろう。次に長い引用になるが、専門学校の学生の現状を考える上で重なる部分が多いため、小川の文を引用する。

　「筆者は授業の第一時間めに簡単な聴音と階名当てのテストを行っている。小学校2年生の歌唱教材の『春が来た』の最初の4小節をハ長調で楽譜に書かせるのだが、完璧に書ける学生は全体の約1割から2割しかない。また、全く楽譜に書けない学生も男性を中心に全体の2割から3割は存在する。そのような学生は当然楽譜も読むことができず、音楽に対するコンプレックスを抱いている。彼らに学校時代の音楽の授業について尋ねると、多くは音楽教師からえこひいきされたり、みんなの前でわらわれたりなど少なからずトラウマを抱えている。つまり授業において『音楽を愛好する』ことが目標であるはずなのに『音楽を愛好できない』まま大学に入学し、小学校の教師になろうとしているわけである。
　以上、非音楽専攻[(5)]の学生は、音楽的な能力の個人差が著しく、音楽に対するコンプレックスや苦手意識を持っている人も少なからず見られる。このような状態で一律に、与えられたわずかの時間の中で力量を形成していくことは困難であることは自明であろう」

小中学校で音楽科の授業を担当する教員の実態からみても専門学校の学生の実態が想像できると思われる。
　次に個人的にピアノを習っていて、ある程度ピアノが演奏できる学生も楽譜が読めない、理解できない場合が多いということが挙げられる。
　これは、かつての高度成長期に湧いた日本では、家庭内に三種の神器（白黒テレビ、洗濯機、冷蔵庫）が普及した後に、ピアノを購入する家庭が出始めたことと関係している。
　このころまでは、我が子にピアノを習わせる親たちは、エリート意識をもち、ピアノ教師たちに厳しいレッスンを求めていたと思われる。ピアノ教師側も高いプライドがあり、ピアノと同時にソルフェージュも教えるのが常識と考えていたと思われる。しかし、残念なことに現代では、ピアノや電子ピアノが家にある家庭も増え、ピアノを習わせることに特別の意識はなく、「子どもは音楽が好きだから、あまり厳しくせずに、楽しませたい」「プロの演奏家になるわけではないので、ほどほどに教えてほしい」という声が大きくなっている。
　したがって、ピアノを習う学生の多くは、週に一度のレッスンの時に、先生が弾くピアノの真似をして、目と耳で覚えていく。その後の一週間も、ほとんど練習をせずに、次のレッスンの日を迎える。つまり、週に一度のレッスンの時間だけが練習時間となっている。これは、相当にもったいない話ではあるが、現実にピアノを習っていたにもかかわらず、音符が読めない、理解できない学生が多く存在する。
　初めてピアノを習う学生には、読譜の重要性を説いて、授業でもレッスンでもソルフェージュの訓練をしていくので、徐々にではあるが、読譜力がついてくる。しかし、幼少のころにピアノを習っていた学生は、先生から教えてもらうレッスンが身に付いているために、楽譜を読もうとしない。さらに驚くことに、そのような学生の多くは、自分は楽譜が読めると思っている。そのためになおさら読譜の練習をやろうとしない悪循環を繰り返している。

(2)—① 「リズム読譜」
　リズム打ちの練習では、パワーポイントをフラッシュカードのように使い、

スクリーンにリズムの音符を次々に映し出す。同時にドラムによるエイトビートのリズムを流す。

学生は次々と変わるリズムに対して、手拍子で素早く反応をしていく。この授業では、最初は教師がパソコンを操作するが、やり方が定着してくると、パソコンの操作やリズム選びを学生主導でさせることで、学生が主体的に取り組む展開になる。いわゆる、教授される側と教授する側が相互に情報を交換できる、「アクティブ・ラーニング型の授業」ともいえるかもしれない。

図1　パワーポイントを使用したリズム練習

(2)―②「視唱」

視唱の学習についても、プリントを配布し、音符等を記譜させるときに、スクリーンにも同じ音符を提示する。提示する音符はDTMで作成することで、音を正確に再現することができる。学生は手元のプリントに自分のペースで楽譜を書き込んだり、階名を書いたりした後に、スクリーン上に再生される映像と音を聴いて、正解を確認し、同時に実際の音も体感することができる。また、読譜が苦手な学生は、読譜をしている途中で、現在演奏している譜面の位置がわからなくなる場合が多い。そのためにスクリーンの映像は音を出しながら、音符のその場面を矢印がスクロールしてくれる。いたせりつくせりのこのようなICTを活用しない手はないと思われる。実際にこのようなICTを活用して

第10章　教えと学びとをつなぐ　167

いる1年生と2年生では、読譜力の定着に大きな差が出ている。さらに、選択授業の関係で音楽の授業を受講しない2年生は、さらなる差がついている。

(2)—③【器楽指導（ピアノ）】

器楽指導としてのピアノレッスンについては、楽譜を読ませ、自力で弾いていくことを主眼においてレッスンを行った。前述した通り、相当に抵抗感をもつ学生が多くいた。ここでは、わかりやすいように、初めての曲をレッスンする場合の教師と学生のやりとりを紹介する。

> 教師「では、このバイエルの右手を弾いてみましょう」
> 学生「先生、弾いてください」
> 教師「まずは、自分で、片手ずつ楽譜を読みましょう」
> 学生「できません、前の先生は、弾いてくれました」
> 教師「それでは、一度弾いて聞かせます。音符をよく見て、次は自分で弾いてください」
> ※教師が2小節ほど演奏する
> 学生「前の先生は、覚えるまで弾いてくれました」

4月当初、こういったやり取りが頻繁に行われていた。特に2年生にとっては、「同じ学校のレッスンなんだから、何故、昨年までと違うんだ」という抵抗感が強かったようで、音符を読もうとしない学生が多くいた。しかし、11ヵ月が経過した現在では、2年生と1年生の演奏力の差は大きく開き、読譜を求め続けたレッスンが効果を挙げていることを実感している。

(2)—④【手遊び歌】

合唱、ソルフェージュの練習では教室内での肯定的な雰囲気や支持的風土といわれるものが必要である。そして最ももこの雰囲気や支持的風土が必要な授業が「手遊び歌」である。反対にいえば、このような雰囲気のある教室であれば、自然に学生たちは手遊び歌をマスターしていく。さらには、より楽しく遊べるように工夫もしていくと思われる。

授業ではプリントで手遊び歌の楽譜と動作を確認した後に、先輩教師が演じている手遊び歌を映像で確認する。3ヵ月間はこのような練習を行い、4ヵ月目からは学生が順番に教室の前で、模擬保育的に手遊び歌を行う。

　学生が前に出る時には、大きな拍手と、満面の笑顔を他の生徒に求めている。教師自身も積極的に参加して楽しむ姿勢を打ち出している。11月からは、2年生に協力を依頼して、2年生が演じる手遊び歌を録画して、来年度の1年生の授業で活用しようとしている。

## 4．実践の成果と課題

　これまで述べてきた①歌唱指導、②ソルフェージュ（リズム読譜、視唱）、③器楽指導（ピアノ）、④手遊び歌の取り組みの中で筆者が重要視したことは、教室内の肯定的な雰囲気と支持的風土、さらにICTの効果的な利用である。[6]
　これらの取り組みの成果としては、2018年2月7日にくしろせんもん学校で行った「合唱とライブ絵本の集い」がある。近隣の幼稚園や保育園の園児70名を招待して行った発表会は好評であった。なによりも、学生たちが生き生きとした表情で楽しそうに表現をできたことが大きな収穫となった。発表会終了後も園児たちの嬉しそうな表情をみて、さらに喜びを増していた。学生と園児たちが発表会を通してつながり、保育をすることの喜びを学生が感じたと思われる。
　「合唱とライブ絵本の集い」では1部と3部は混声合唱、2部は手遊び歌を発表した。筆者がこの発表で拘ったのが、園児に三部合唱を意識してもらうことであった。混声三部合唱を歌う前に、司会者が「ソプラノパート」さん「アルトパート」さん「男声パート」さん、と3つのパートを楽しく紹介し、各パートは大きく手を上げて「は～い！」と応える。歌った後に、「3つのパートが分かれて歌うのがわかりましたか？」と尋ねると、多くの園児が「はーい、わかりました」と応えてくれた。
　人それぞれのもっている声が美しく豊かで、個性がある。合唱は、そんな声が集まって作られるから、歌っても聴いていても楽しくなる、ということを少しでも理解してほしいと考えた。

図3 「合唱とライブ絵本の集い」の様子

図4 発表会翌日の釧路新聞に掲載された記事

これらの実践には、ほとんどデータが存在しない。したがって筆者の思いは、あくまでも筆者個人の感じたことを述べているものである。さらに、先行研究を調べることができていないため、これまでのデータや研究が記載されていない。城・計良は『音楽室に奇跡が起こる』（2011年）の中で、小中学校のICT活用について、その活用方法を述べているが、幼児教育の分野には及んでいない。

　次に、実践を取り巻く現状として、小中学校での音楽、美術、技術・家庭等の授業数が半減し続けている問題を挙げたい。これらは全て幼児教育における「表現」の分野である。このことは、学生が音楽に関われる時間が減少しているだけでなく、文部科学省が、音楽に対する意義を認めなくなってきたためであろう。筆者は、音楽や芸術分野は、現在の学生にとって大切な授業だと考えている。それは、一言でいえば「ものづくり」にとって最も必要な実体験を多くともなった教科だからである。ところが昨今は、芸術や技能教科よりも、他教科のレベルを上げて、世界のトップレベルの成績をあげたいと考えている。

　このような危機的な状況の中で育った学生たちが今後の幼児教育を担っていかなければならない。これは、幼稚園教諭、保育士だけではなく、小中学校教諭においても大きな問題であり、授業時数を含め、問題解決に努めなければならない。

（計良洋美）

**注**

(1) ICT（Information and Communication Technology）情報通信技術。［補説］ITとほぼ同義。日本では、情報処理や通信に関する技術を総合的に指す用語としてITが普及したが、国際的にはICTが広く使われる。

(2) 大昔は家庭で職業教育がなされていた。

(3) DTM（Desktop Music）パソコンを使って作曲、編曲したり、パソコン上で演奏したりすること。本格的な楽器や奏者、録音機材がなくても、MIDI音源などの音源とシーケンサと呼ばれるアプリケーションを使えば、作曲や演奏などが楽しめる。関連名称としてDAW（Digital Audio Workstation）がある。これは、音声信号をデジタル化し、ハードディスクに保存して編集する機器。デジタルオーディオワークステーションのこと。ハードディスクレコーダーという機器にさま

ざまな DSP 機能が追加され、このように呼ばれるようになった。DSP（Digital Signal Processor）とは『知恵蔵』によると、デジタル信号処理専用のプロセッサーのこと。高速フーリエ変換やデジタル・フィルターなどのデジタル信号を高速に処理できる。特に、信号処理でよく使う積和演算を高速で処理できる回路が採用されている。現在、これらの処理をわずか20～100ナノ秒で実行できるものが開発されている。携帯電話やビデオ信号の帯域圧縮から始まって、家電機器やロボットのモーター制御などに使われ、需要が急速に伸びている。
（4）少しずつではあるが、パソコン使用を認める保育所、幼稚園がみられるようになった。手書きには、手書きなりの意味があるが、実習期間中の学生たちの多忙さを考えると、コンピュータの使用は許可してほしいものである。
（5）横浜国立大学において、入学試験において音楽の実技試験を選択し、さらに2年になるときに所属する専攻コースを最終決定する。小川は音楽を専攻していない学生を非音楽専攻と呼んでいる。
（6）さりげない利用である。

**参考文献**
石井恵子他（2010）『幼稚園教諭・保育士養成課程――幼児のための音楽教育』教育芸術社
城佳世・計良洋美（2011）『チェンジ音楽授業シリーズ　音楽室に奇跡が起こる――視聴覚機器&PC活用で楽しさ10倍の授業』明治図書出版
小林美実（2014）『こどものうた200』チャイルド本社
教芸音楽研究グループ（2016）『クラス合唱曲集 Super Chorus』教育芸術社
小川昌文（2008）「音楽の教師力ってなに？――自己形成と継続的成長をめざして」『音楽教育実践ジャーナル』Vol.5、no.2、pp.74-76
音楽教育研究協会（1998）『幼稚園教諭・保母養成課程用　改訂　幼児の音楽教育――音楽的表現の指導』音楽教育研究協会
民秋言（2008）『幼稚園教育要領・保育所保育指針の成立と変遷――教育要領・保育指針新旧対照表付き』萌文書林

## おわりに

　この本ができるきっかけは、北海道東部の小さな専門学校に所属している私たちが地域で活躍できる保育者を養成するために、日ごろどのような問題意識をもって教育しているかを知っていただきたいと思ったことである。文部科学省の職業実践専門課程の認定を受け、保育所、幼稚園等との連携が進む中、私たちの学科名に冠されている「環境」に着目して、多くの保育者に新しい見方・考え方を示唆できればと、本を出版したいという思いが膨らんだ。

　出版構想から2年、その間、平成29年に告示された幼稚園教育要領、幼保連携型認定こども園教育・保育要領、保育所保育指針が施行される、平成31年度からは教員養成課程、保育士養成課程の教育課程が大幅に変更されるなど、幼児教育をとりまく状況は変わりつつある。そのような時期に、子どもはどのように環境に働きかけ、環境から働きかけられるのか、子どもの環境がどのような様相を見せているか、保育の現場で実践できるおもちゃ・ものづくり、どのように環境をつくるのか、を大きな柱とした本を刊行できることは喜びである。

　少ない教員で執筆したため、すべての領域をカバーできた訳ではないが、北海道教育大学の福岡真理子氏にも加わっていただき、胎児期から乳児の発達を扱うことができた。また、領域表現における音楽教育として、以前本校の専任教員であった九州女子大学非常勤講師の計良洋美氏も執筆を担当してくださった。

　私たちの本をはたして扱ってくださる出版社があるか危惧したが、編著者の一人が縁のあった明石書店に相談したところ、何度かのやり取りの後引き受けてくださることとなり、喜ぶとともに大きな期待を感じた。幼児教育に関する本を刊行するという出版社の期待に、どれほど応えられたかわからないが、編集部長・神野斉氏の英断に深く感謝申し上げたい。また、編集者・岩井峰人氏には、丁寧に原稿を読んでいただいた。大量の図が入る章もあるが、保育者が実践でやってみることができるよう、著者の図を原寸大で採用していただくなど、私たちが力を入れていることを理解していただいた。謝意を表したい。

2019年3月

編著者を代表して　氏原陽子

# 執筆者略歴

**氏原陽子**（うじはら・ようこ）［編著者］
名古屋大学教育学研究科教育学専攻博士後期課程単位認定退学。修士（教育学）。現在は、くしろせんもん学校こども環境科学科長。主な著書に、望月重信他編『教育とジェンダー形成――葛藤・錯綜／主体性』（共著、2005 年、ハーベスト社）、「ジェンダー・フリーの知識とジェンダー化の経験の葛藤――生活世界の視点から」『子ども社会研究』（2003 年、9 号）、「隠れたカリキュラム概念の再考――ジェンダー研究の視点から」『カリキュラム研究』（2008 年、18 号）、「わが国の幼児教育カリキュラムの特徴――Starting Strong Ⅲ を手掛かりに」『研究紀要』（釧路専門学校紀要、2016 年、6 号）がある。

**倉賀野志郎**（くらがの・しろう）［編著者］
北海道大学教育学研究科修士課程修了。修士（教育学）。現在は、くしろせんもん学校専任講師。主な著書に、「北教大釧路教育内容・方法研究室と北海道自由が丘との研究協力関係」『陽はまた昇る――北海道自由が丘学園の創りつつあるもの』（2004 年、高文堂出版社）、「北海道自由が丘学園夕張・月寒校」での「実験学校」への応えの軌跡」北海道教育大学釧路校研究紀要『釧路論集』（2015 年）、「鈴木秀一先生による「北海道自由が丘学園夕張・月寒校」での【実験学校】の軌跡――教育内容構成の一つの見方・考え方にこだわって」北海道大学大学院教育学研究院教育方法学研究室編『教授学の探求』（2016 年）がある。

**福岡真理子**（ふくおか・まりこ）
北海道教育大学大学院修了。修士（教育学）。現在は、北海道教育大学特任教授で学校臨床、くしろせんもん学校非常勤講師として発達、教育心理学を担当。学校心理士、ガイダンスカウンセラー。主な著書に、「小学生の学校ストレスとコーピングに関する一考察」北海道教育大学釧路校研究紀要『釧路論集』（2000 年、32 号）、『子どもの「総合的な能力」の育成と生きる力』（共著、玉井康之・北海道教育大学釧路校教師教育研究会、2018 年、北樹出版）がある。

**田仲京子**（たなか・きょうこ）
北海道釧路保育専門学校卒業。現在は、くしろせんもん学校専任講師。著書に、「親子を支える保育」『乳幼児療育研究』（2008 年、21 号、北海道乳幼児療育研究会）、「一保育園における今冬のインフルエンザ発生状況とデーター解析」『保育と保健』（共著、2015 年、21 号、日本保育保健協議会）、「インフルエンザ予防接種の効果に関する前方視的調査」『保育と保健』（共著、2016 年、22 号、日本保育保健協議会）がある。

**高橋由紀雄**（たかはし・ゆきお）
北海道教育大学釧路校中学校課程美術科修了。学士（教育学）。現在は、くしろせんもん学校専任講師（図工）。著書に、『図工指導のエッセンス』（共著、1997 年、三晃書房）、『図画工作のエッセンス』（共著、2002 年、三晃書房）、『解析台湾・日本　美術教育與児童画』（共著、2010 年、台湾：風和文化藝術有限公司）がある。

**計良洋美**（けいら・ひろみ）
星槎大学大学院教育学研究科教育学専攻修了。修士（教育）。現在は、九州女子大学非常勤講師。著書に、『音楽室に奇跡が起こる――視聴覚機器 &PC 活用で楽しさ 10 倍の授業』（共著、2011 年、明治図書出版）、『コンピュータで楽しい音楽授業をつくる――ミュージック・テクノロジー入門』（共著、2000 年、明治図書出版）、『音楽教師と IT 技術――実力 UP の授業ポイント』（共著、2002 年、明治図書出版）がある。

**【学校紹介】くしろせんもん学校**

昭和45年、北海道釧路保育専門学校として認可を受け、保育士及び幼稚園教諭養成機関として認定され、約50年の歴史を持つ。こども環境科、介護環境科の二つの学科があり、「自然と人間を愛する教育（無条件の受容）」を教育理念に掲げ、学校単独で幼稚園教諭資格を取得できる道内唯一の文部科学大臣指定の専門学校である。系列幼稚園が釧路市内に3園、浦河町に1園あり、平成28年に職業実践専門課程の認定を受け、幼稚園・保育所との連携を進め、園見学、保育体験等実践的な学びを多く取り入れている。

# 幼児教育と「こども環境」
―― 豊かな発達と保育の環境

2019年4月5日　初版第1刷発行

| | |
|---|---|
| 編著者 | 氏原　陽子 |
| | 倉賀野　志郎 |
| | くしろせんもん学校・幼児の『環境』研究グループ |
| 発行者 | 大江　道雅 |
| 発行所 | 株式会社 明石書店 |

〒101-0021 東京都千代田区外神田 6-9-5
電話　03（5818）1171
電話　03（5818）1174
振替　00100-7-24505
http://www.akashi.co.jp

装　丁　明石書店デザイン室
印　刷　株式会社文化カラー印刷
製　本　協栄製本株式会社

（定価はカバーに表示してあります）　　ISBN978-4-7503-4823-0

JCOPY〈(社)出版者著作権管理機構 委託出版物〉
本書の無断複写は著作権法上での例外を除き禁じられています。複写される場合は、そのつど事前に、(社)出版者著作権管理機構（電話 03-5244-5088、FAX 03-5244-5089、e-mail: info@jcopy.or.jp）の許諾を得てください。

## 体を動かす遊びのための環境の質 評価スケール
保育における乳幼児の運動発達を支えるために
キャロル・アーチャー、イラム・シラージ著
秋田喜代美訳、辻谷真知子、宮本雄太訳 解説
淀川裕美、辻谷真知子、宮本雄太訳
◎2300円

## 「保育プロセスの質」評価スケール
乳幼児期の「ともに考え,深めつづけること」と「情緒的安定・安心」を捉えるために
イラム・シラージ、デニス・キングストン、エドワード・メルウィッシュ著
秋田喜代美監訳、淀川裕美訳
◎2300円

## 育み支え合う 保育リーダーシップ
協働的な学びを生み出すために
イラム・シラージ、エレーヌ・ハレット著
秋田喜代美監訳、鈴木正敏、淀川裕美、佐川早季子訳
◎2400円

## 保育政策の国際比較
子どもの貧困・不平等に世界の保育はどう向き合っているか
L.ガンバロ、K.スチュワート、J.ウォルドフォーゲル編
山野良一、中西さやか監訳
◎3200円

## 海と空の小学校から 学びとケアをつなぐ教育実践
沖縄・八重山学びのゆいまーる研究会
村上呂里、山口剛史、辻雄二、望月道浩編著
◎2000円

## 授業の研究 教師の学習
レッスンスタディのいざない
秋田喜代美、キャサリン・ルイス編著
◎2500円

## ことばの教育と学力
未来への学力と日本の教育 ④
秋田喜代美、石井順治編著
◎2400円

## 世界の幼児教育・保育改革と学力
未来への学力と日本の教育 ⑨
泉千勢、一見真理子、汐見稔幸編著
◎2600円

## 子どもの遊び・自立と公共空間
「安全・安心」のまちづくりを見直す イギリスからのレポート
ギル・ヴァレンタイン著 久保健太訳
◎2400円

## 安心・平等・社会の育み フィンランドの子育てと保育
汐見稔幸監修
◎1800円

## OECD保育白書
人生の始まりこそ力強く: 乳幼児期の教育とケア(ECEC)の国際比較
OECD編著
星三和子、首藤美香子、大和洋子、一見真理子訳
全国私立保育園連盟保育国際交流運営委員会編
◎7600円

## OECD保育の質向上白書
人生の始まりこそ力強く: ECECのツールボックス
OECD編著 秋田喜代美、阿部真美子、一見真理子、門田理世、北村友人、鈴木正敏、星三和子訳
◎6800円

## ダニーディン 子どもの健康と発達に関する長期追跡研究
ニュージーランドの1000人・20年にわたる調査から
フィル A.シルバ、ワレン R.スタントン編著 酒井厚訳
◎7800円

## 保育・子育て支援の地理学
福祉サービス需給の「地域差」に着目して
久木元美琴著
◎2800円

## 子どものまちのつくり方 明石市の挑戦
泉房穂著
◎1500円

## 3000万語の格差
赤ちゃんの脳をつくる、親と保育者の話しかけ
ダナ・サスキンド著 掛札逸美訳 高山静子解説
◎1800円

〈価格は本体価格です〉